Die Österreichische Armee von 1805 bis 1809

Band III:
Kavallerie, Artillerie und Technische Truppen
Die Grenadierbataillone der Infanterie
Der Tiroler Aufstand 1809

„Was? retiriren? – Warum nicht gar! – Die Schlacht ist ja gewonnen, sie räumen ja das Schlachtfeld und gehen hinüber!“

Fürst Johann I. von Liechtenstein
Während der Schlacht bei Regensburg, 1809

Autor: Enrico Acerbi
Übersetzung: Dr. Jan Eschbach
Lektor: Michael Danhardt
Fachliche Beratung: Markus Stein, Lutz Amsel, Markus Gärtner
Karte: Bernhard Glänzer

Herausgeber:
Zeughaus Verlag GmbH
Knesebeckstr. 88, 10623 Berlin

Telefon: 030/315 700 30
Email: info@zeughausverlag.de
Internet: www.zeughausverlag.de

Bibliografische Informationen der Deutschen Bibliothek. Die Deutsche Bibliothek verzeichnet diese Publikation in der Deutschen Nationalbibliografie; detaillierte bibliografische Daten sind im Internet abrufbar über http://dnb.ddb.de

Printed in European Union

ISBN: 978-3-96360-035-7

Titelbild:
Ausschnitt eines Aquarells von V.G. Kininger mit Darstellungen österreichischer Offiziere während ihrer Einquartierung (siehe auch Seiten 36–37).

Inhalt

VORWORT

Am Ende des Jahres 1801 erfuhr die österreichische Reiterei eine grundlegende strukturelle Reform: Die Anzahl der Regimenter wurde reduziert, die Zahl der Eskadrons in den noch bestehenden Regimentern hingegen auf acht erhöht, sodass nunmehr jedes Regiment aus vier Divisionen zu je zwei Eskadrons bestand. Folglich erhielt zu Beginn des Jahres 1802 jedes „deutsche" Kavallerieregiment im Zuge der Aufstellung einer vierten Division eine zweite Majorsstelle zugebilligt, wie sie in den Husaren- und Ulanenregimentern bereits etatmäßig üblich war. Die neu geschaffene vierte Division wurde fortan als 2. Majorsdivision bezeichnet. Ein Kavallerieregiment war somit in einer Leib- oder Oberstendivision, einer Oberst-Lieutenantsdivision und zwei Majorsdivisionen organisiert.

Kürassiere und Dragoner wurden als „schwere", Chevaulégers, Husaren und Ulanen hingegen als „leichte" Kavallerie bezeichnet (die obsolete und in ihrer Bezeichnung missverständliche Truppengattung der Leichten Dragoner wurde abgeschafft). Nach dem Feldzug von 1805 und der Niederlage bei Austerlitz wurde die 2. Majorsdivision in den „deutschen" Kavallerieregimentern durch die Verordnung vom 1. August 1806 wieder aufgelöst. Damit kehrte man zu einer offiziellen Regimentsstärke von sechs Eskadrons zurück. Im Kriegsfall diente nach wie vor eine Reserveeskadron als Kaderformation zur Ausbildung und Verstärkung der Feldeskadrons.

Das Durcheinander der Monturen erreichte 1802 seinen vorläufigen Höhepunkt, als man erneut einige „schwere" Dragonerregimenter in „leichte" Chevaulégers umwandelte. Gleichzeitig wurde angeordnet, dass die Chevaulégers, wie ihre Kameraden bei den Dragonern, anstatt der traditionellen grünen Röcke fortan weiße Monturen zu tragen hätten, allerdings mit gelben Knöpfen, um sie von den Dragonern zu unterscheiden, die bei gleicher Egalisierung weiße Knöpfe zu tragen hatten. 1807 kehrte man in den Chevaulégersformationen schließlich zur grünen Rockfarbe zurück.

Die Nachwehen dieser zahlreichen Veränderungen waren noch zu spüren, als die österreichische Reiterei in den Feldzug von 1809 auszog, der ihr zahlreiche Gelegenheiten bieten sollte, sich auf dem Schlachtfeld zu bewähren.

Der vorliegende Band wird sich neben der Kavallerie weiteren Truppengattungen der österreichischen Armee widmen, deren Organisationsstruktur im Gegensatz zu Infanterie und Kavallerie zu den beständigsten der gesamten K.K. Armee während der Napoleonischen Kriege zählte.

Enrico Acerbi

Fürst Johann I. von Liechtenstein (1760–1836)
Oberbefehlshaber der österreichischen Kavallerie in der Schlacht bei Austerlitz.

DIE ÖSTERREICHISCHE REITEREI IM JAHR 1809

Die österreichische Reiterei war in Kürassiere, Dragoner, Chevaulégers (vormals Leichte Dragoner), Husaren und Ulanen untergliedert. Ihre Soldaten galten als schneidige Kämpfer und vorzügliche Reiter. Die Ausbildung der Reiter und die Qualität der Pferde trugen zusätzlich zum ausgezeichneten Ruf bei, den diese Waffengattung in Europa genoss.[1]

Regimenter der K.K. Kavallerie (Ende 1807–1811)

Truppengattung	Anzahl d. Regimenter
Kürassiere	8
Dragoner	6
Chevaulégers	6

Truppengattung	Anzahl d. Regimenter
Husaren	12
Ulanen	3

Am 7. August 1810 gab der Hofkriegsrat ein neues Reglement für die Kavallerie heraus, welches am 2. Januar 1811 von Kaiser Franz I. autorisiert wurde und am 10. August 1811 in Kraft trat. Für die Kürassier- und Dragonerregimenter waren je sechs, für die Chevaulégers, Husaren und Ulanen[2] je acht Eskadrons pro Regiment vorgeschrieben.

K.K. Chevaulégers-, Husaren-[3] und Ulanenregimenter (Regimentsstab)

Bezeichnung	Anzahl	Pferde
Regimentsinhaber	1	1
Oberst-Lieutenant	1	1
Regimentskaplan	1	1
Regiments-Feldarzt	1	1
Regiments-Adjutant	1	1
Fouriere	6	-
Divisionstrompeter	4	4
Standartenführer	4	4
Profoss	1	1
Riemer	1	1
Fourierschützen	4	-

Bezeichnung	Anzahl	Pferde
Oberst (Reg.-Kmdr.)	1	1
Majore	2	2
Regiments-Auditor	1	1
Reg.-Rechnungsführer	1	1
Oberärzte	4	-
Unterärzte	4	-
Stabstrompeter	1	1
Oberschmied	1	-
Offiziersburschen	5	-
Sattler	1	1

K.K. Chevaulégers-, Husaren- und Ulanenregimenter (Eskadronsstab)

Bezeichnung	Anzahl	Pferde
Premiers-Rittmeister	1	1
Unter-Lieutenant	2	2
Trompeter	1	1
Corporals	12	12
Offiziersburschen	4	-

Bezeichnung	Anzahl	Pferde
Seconds-Rittmeister	1	1
Ober-Lieutenant	2	2
Wachtmeister	2	2
Fourierschütze	1	-
Schmied	1	-
Sattler	1	-

1 Quelle: http://napoleonystika.atspace.com
2 Der Stab eines K.K. Ulanenregiments besaß etatmäßig zwei Schneider.
3 Im Gegensatz zu den Chevaulégers besaß der Stab eines Husarenregiments etatmäßig einen Schneider.

Kriegsrat vor der Schlacht bei Aspern 1809
Ölgemälde eines unbekannten Künstlers Anfang 19. Jahrhundert.
Original befindet sich im Heeresgeschichtlichen Museum Wien, Fotografie Markus Stein.

Neben Offizieren des Generalstabs erkennt man zentral Offiziere der österreichischen Husaren, Kürassiere und Ulanen.

Im Kriegsfall hatte jedes Kavallerieregiment eine Reserveeskadron aufzustellen. Damit kamen ein Oberfourier, zwei Fouriere und zwei Unterschmiede zum Regimentsstab hinzu.

K.K. Kürassier- und Dragonerregimenter (Reserveeskadronsstab)					
Bezeichnung	Anzahl	Pferde	Bezeichnung	Anzahl	Pferde
Premiers-Rittmeister	1	1	Seconds-Rittmeister	1	1
Ober-Lieutenant	2	2	Unter-Lieutenant	2	2
Wachtmeister	2	2	Unterarzt	1	-
Trompeter	1	1	Fourier	1	-
Fourierschütze	1	-	Offiziersburschen	5	-
Corporals	12	12	Schmied	1	-
			Sattler	1	-

K.K. Husaren- und Ulanenregimenter (Reserveeskadronsstab)					
Bezeichnung	Anzahl	Pferde	Bezeichnung	Anzahl	Pferde
Premiers-Rittmeister	1	1	Seconds-Rittmeister	1	1
Ober-Lieutenant	2	2	Unter-Lieutenant	2	2
Wachtmeister	2	2	Unterarzt	1	-
Trompeter	1	1	Fourier	1	-
Fourierschütze	1	-	Offiziersburschen	5	-
Corporals	12	12	Schmied	1	-

Bei den Soldaten der Reserveeskadrons handelte es sich um Überkomplette und Halbinvaliden. Beim Szekler Husarenregiment (HR 11) setzten sich Regiments- und Eskadronsstab wie folgt zusammen:

K.K. Szekler Husarenregiment Nr. 11 (Regimentsstab)					
Bezeichnung	Anzahl	Pferde	Bezeichnung	Anzahl	Pferde
Oberst	1	1	Oberst-Lieutenant	1	1
Majore	3	2	Regiments-Auditor	1	1
Regimentskaplan	1	1	Regiments-Feldarzt	1	1
Reg.-Rechnungsführer	1	1	Oberärzte	4	-
Regiments-Adjutant	1	1	Unterärzte	4	-
Fouriere	5	5	Stabstrompeter	1	1
Divisionstrompeter	4	4	Standartenführer	4	4
Oberschmied	1	-	Riemer	1	-
Sattler	1	-	Schneider	2	-
Profoss	1	1	Fourierschützen	4	-
Offiziersburschen (Halbinvalide)	4	-	Offiziersburschen für den Rechnungsführer (Vollinvalide)	1	-

K.K. Szekler Husarenregiment Nr. 11 (Eskadronsstab)					
Bezeichnung	Anzahl	Pferde	Bezeichnung	Anzahl	Pferde
Premiers-Rittmeister	1	1	Seconds-Rittmeister	1	1
Ober-Lieutenant	2	2	Unter-Lieutenant	2	2
Wachtmeister	2	2	Trompeter	1	1
Schmied	1	-	Corporals	12	12
Fourierschütze	1	-	Offiziersburschen (Halbinvalide)	5	-

Am 18. August 1805 verfügte der Hofkriegsrat eine Reduktion des Regimentsfuhrwesens auch für die Kavallerie. Für jedes leichte Kavallerieregiment galten fortan die folgenden Vorgaben:

	Fuhrwesen mit Geschirr				Pferde
	Zweispännige Wagen		Vierspännige Wagen		Ärarische Pferde
Regimentsfuhrwesen	Deckelwagen	Leiterwagen	Feldschmiede	Stabswagen	
	1	4	1	1	78

Nach 1808 standen den leichten Kavallerieregimentern über ihr Packpferdkontingent hinaus 24 Fuhrpferde und neun Knechte zur Verfügung.

Die Kürassiere

Kürassiere trugen weiße Röcke und Hosen; letztere wurden im Feld durch graue, seitlich geknöpfte Überhosen ersetzt. Die Stiefelschäfte reichten bis unter das Knie. Im Jahr 1805 wurde die schwarz-gelbe Raupe des antikisierenden schwarzledernen Helms vergrößert, um dem Träger ein imposanteres Aussehen zu verleihen, das Stirnblech trug den kaiserlichen Namenszug F I. Das Haar wurde fortan kurz getragen, der Zopf abgeschafft. Koteletten durften nicht über den unteren Rand des Ohrläppchens hinausragen. Die Mannschaften trugen Schnurrbärte, während die Offiziere glattrasiert zu sein hatten.

Der Kürass

Der Kürass war aus geschwärztem Eisen gefertigt, die Ränder mit weißem Leder vorgestoßen. Wie schon im Siebenjährigen Krieg wurde nur der Brustharnisch getragen (die Rückenteile bewahrte man für Auseinandersetzungen mit den Türken im Depot auf). Der Kürass wurde mit zwei weißen Lederriemen befestigt, deren Enden an den Brustschnallen befestigt wurden. Über die Schultern gelegt, kreuzten sich beide Riemen auf dem Rücken („Kürasskreuz") und wurden seitlich durch metallene Schlaufen geführt, ehe sie mit einer Gürtelschnalle vor dem Bauch befestigt wurden. Alle Schnallen und Beschläge waren aus weißem Metall.

Es scheint, dass in den deutschsprachigen Ländern seit langem die Mode vorherrschte, nur den Brustharnisch zu tragen. Dies war womöglich einem militärischen Ehrbegriff geschuldet, der vorsah, dass *„eine brave [d. h. tapfere] Cavalerie dem Feinde niemals den Rücken kehren [dürfe]."* (*Anm. d. Ü.: Bereits im 18. Jahrhundert hatten zahlreiche Armeen den schweren Rückenkürass aus Gründen der Bequemlichkeit und der Mobilität abgeschafft, in der preußischen Armee wurde er 1806 überhaupt nicht mehr getragen. Daher waren Preußens und Österreichs Kürassiere gegenüber den schwer gerüsteten französischen Kürassieren oft im Nachteil*).

Leichte Reiterei

Die Dragoner galten grundsätzlich als schwere Reiterei und waren entsprechend organisiert. Die in Chevaulegers umstrukturierten Dragonerregimenter wandelten sich jedoch allmählich zu einer Gattung der leichten Reiterei.

Grundsätzlich trugen die Dragoner weiße Röcke, während den Chevaulégers traditionell die grüne Uniformfarbe vorbehalten war. Allerdings führten Geldknappheit, ein Mangel an vorhandenen Monturen und immer neue organisatorische Veränderungen zu einem Durcheinander der Uniformen in diesen beiden Waffengattungen. Das über dem Sattel getragene Lammfell war wie bei den Kürassieren bis zum Jahr 1803 weiß, danach schwarz. 1805 wurde wie bei den Kürassieren die Raupe des Helms vergrößert, doch wurde diese im Feld oft nicht aufgesteckt.

Im Jahr 1811 wurden folgende Monturen getragen:

Das 3., 5. und 6. Chevaulégersregiment trug weiße Röcke.

Das 1., 2. und 4. Chevaulégersregiment trug grüne Röcke.

Das im Jahr 1814 neu aufgestellte 7. Chevaulégersregiment trug 1815 ebenfalls grüne Röcke.

Feuerwaffen der österreichischen Kavallerie (Ottenfeld)

Sämtliche Ulanenregimenter trugen grüne Jacken mit roten Aufschlägen, die Farbe der Tschapkas war regimentsweise verschieden. Die Lanzenfähnchen waren horizontal schwarz-gelb geteilt. Ferner trugen alle grüne Hosen mit roten Biesen, die unten mit schwarzem Leder verstärkt waren. Im Feld wurden, wie in den übrigen Kavallerieformationen, graue Überhosen getragen. Was die Farbe der Lammfelle betrifft, die über den Sätteln getragen wurden, herrscht Unklarheit. Einige Quellen geben schwarze Felle im Feld und weiße zur Parade an, während andere behaupten, die weißen Felle seien im Jahr 1803 durch schwarze ersetzt worden (s. oben).

Die größte Bekanntheit innerhalb der österreichischen Reiterei dürften die ungarischen Husaren erreicht haben. Auch sie trugen, einem Erlass von 1798 gemäß, im Feld seitlich geknöpfte, mit Leder verstärkte graue Überhosen, allerdings ohne Biesen. Die bis unter das Knie reichenden Stiefel folgten der traditionellen ungarischen Form, die Schäfte waren gemäß einem Erlass von 1811 oben mit gelb-schwarz gedrehter Borte dekoriert, die in der Mitte in eine gelbschwarze Rosette auslief.

Im Feld wurde der gelb-schwarze Federbusch gewöhnlich nicht getragen und durch eine Rosette, vorne am Tschako, ersetzt. Der Pelz wurde zum Schutz vor Kälte und Säbelhieben über dem Dolman angelegt. Der Mantel wurde vorne zusammengerollt über den Sattelbock geschnallt, das Lammfell war durchweg schwarz gefärbt.

Die Bewaffnung der österreichischen Reiterei

Husaren: Karabiner M 1798 (Länge 84,5 cm,
Gewicht 2,45 kg)
Dragoner: Karabiner M 1798 (Länge 123,5 cm,
Gewicht 3,25 kg)
Kavalleriestutzen M 1794 (Länge 71 cm,
Gewicht 2, 65 kg)

Die Kürassiere führten ein Paar Reiterpistolen und einen geraden Pallasch. In jeder Kürassiereskadron waren darüber hinaus acht Mann mit Stutzen und weitere acht Mann mit Karabinern bewaffnet. Vor der Einführung des Helms hatten die Kürassiere zum Gefecht eiserne Hutkreuze unter ihren Dreispitzen angelegt.

Die Dragoner waren mit einem Karabiner und einem geraden Pallasch ausgestattet. In jeder Eskadron führten 16 Mann gezogene Stutzen.

Chevaulégers führten Karabiner und Säbel (Pallasche bis 1802). Ab 1804 wurden an die Chevaulégersregimenter verlängerte Karabiner ausgegeben. Jede Eskadron verfügte über 16, mit Karabinern bewaffnete, Soldaten.

Ulanen waren mit einem Paar Reiterpistolen, einem gekrümmten Säbel und einer Lanze bewaffnet. Jede Eskadron zählte zusätzlich acht mit Stutzen und acht mit Karabinern bewaffnete Soldaten. In einem Ulanenregiment zu vier Divisionen waren die beiden Zentrumsdivisionen mit Lanzen, die beiden Flankendivisionen mit Karabinern ausgestattet.

Die Seitenwaffe der Husaren war ein gekrümmter Säbel (Modell 1803) mit einer 84 cm langen Klinge und einer Scheide aus Weißmetall. Der mit einem außergewöhnlich großen Kolben ausgestattete Husarenkarabiner (Modell 1798) war 84,5 cm lang und wog 2,45 kg. Der kurze Ladestock war am Patronentaschenriemen befestigt und wurde auch für die Pistole verwendet. Jede Eskadron hatte sechs Scharfschützen, die mit gezogenen Stutzen bewaffnet waren. Dieses Modell erwies sich mit einem Gewicht von 4,4 kg als zu schwer und wurde 1789 durch ein Modell preußischer Bauart ersetzt.

Remonten

Das k. u. k. Heer bezog seine Pferde aus drei Quellen:

- Aus den kaiserlichen Gestüten in Ungarn, Galizien und der Bukowina
- Deutschland (Schwere Reiterei)
- Galizien und Polen (leichte Reiterei)

Die Donaumonarchie genoss in der Pferdezucht einen guten Ruf, welcher sich in erster Linie auf die hohe Qualität der kaiserlichen Gestüte gründete. Diese Gestüte lieferten neben Pferden für die Reiterei und die Artillerie sowohl Pferde für die Landwirtschaft als auch Kutsch- und Reittiere für den Adel. Während noch heute die Namen der Kladruber und Lipizzaner ein jedes Reiterherz höherschlagen lassen, waren es vor allem die ungarischen Güter Mezőhegyes und Bábolna, die durchweg Tiere von gleichbleibend hoher Qualität hervorbrachten. Ersteres wurde 1785 gegründet, letzteres 1789 von der Regierung käuflich erworben. Mezőhegyes züchtete den Nonius, ein Warmblut, welches vor allem in der Landwirtschaft und als Artilleriezugpferd Verwendung fand. Bábolna war ursprünglich ein Ableger von Mezőhegyes, verlegte sich jedoch ab 1816 bei der Zucht von Kavallerieremonten auf die Verwendung von Araberpferden. Darüber hinaus verwendete die österreichische Reiterei neapolitanische, spanische und arabische Pferderassen, aus denen lokale Rassen wie der Kladruber hervorgingen; Kladruber Schimmel zogen die kaiserlichen Prunkwagen und Kutschen.

Die weißen Lipizzaner dürften noch immer die berühmteste österreichische Pferderasse darstellen. Sie waren ursprünglich Kutsch- und Dressurpferde, erfreuten sich allerdings auch bei Distanzritten großer Beliebtheit. Ihr Name leitet sich vom slowenischen Ortsnamen Lipica (sprich: Lipiza)[4] ab. Die im k. u. k. Heer wohlbekannten Lipizzaner waren größer als Araberpferde. Das Gestüt überstand zahlreiche Kriege und Revolutionen und sogar ein Erdbeben, obwohl die kostbaren Pferde immer wieder an sichere Orte verbracht werden mussten. Schließlich fand das Gestüt nach dem Ersten Weltkrieg im steirischen Bergort Piber eine neue Heimat, wo bereits seit 1798 ein Gestüt existiert hatte. Bis heute werden hier die Pferde der Spanischen Hofreitschule in Wien gezüchtet.

Beim Ankauf waren die Tiere zwischen vier und sieben Jahre alt und hatten gewöhnlich ein Stockmaß von 14 bis 15 Hand, das 142 bis 152 cm entspricht[5]. Hatte ein Pferd zehn Jahre bei der Truppe gedient, zahlte der Ärar hierfür im Jahr 1807 eine Prämie von drei Dukaten, für jedes weitere Jahr einen Dukaten.

Das Pferd erhielt ein Brandzeichen mit dem kaiserlichen Namenszug und einer Nummer. Gute Pflege und Ernährung der Tiere wurden in sämtlichen Vorschriften regelmäßig in den Vordergrund gestellt, bei Regen wurde der Schweif hochgebunden. Sämtliches Zaumzeug war aus braunem Leder; die Lammfelle waren schwarz oder weiß, die darunter aufgelegten Schabracken waren rot mit gelb-schwarzer Bordüre.

Bei den Kürassier- und Dragonerpferden galten 15 Hand und 1 Zoll (154,7 cm) als Mindeststockmaß, bei den Husaren-, Ulanen- und Chevaulégerpferden waren es 14 Hand und 1 Zoll (144,7 cm). David Hollins merkt an: „Bei den Husaren waren ungarische oder siebenbürgische Pferde oder polnische Ponys beliebt. Sie mussten zwischen vier und sieben Jahre alt sein und ein Stockmaß von 14 bis 15 Hand besitzen. … Rotbraune, Dunkelbraune oder Rappen wurden geritten, und jede Eskadron bemühte sich in dieser Hinsicht um ein Mindestmaß an Uniformität. … Jeder mit dem Pferdekauf betraute Offizier trug einen Hippometer genannten Messstab, der mehr als 18 Faust lang und fingerdick war."

Organisation der Kavallerie – ein kurzer historischer Überblick

Organisation eines K.K. Kavallerieregiments (jede Eskadron wird mit 4 Zügen dargestellt)

4 Die Lipizzaner genossen einen spektakulären Ruf, und selbst Napoleon ließ es sich nicht nehmen, ein Exemplar zu erwerben. Ein Großteil der Zuchttiere auf den Gestüten von Lipica und Piber wurde von den Franzosen requiriert.

5 Heutzutage ist die Hand als Stockmaß noch in angelsächsischen Ländern wie Großbritannien, Australien und den USA verbreitet. Eine Hand entspricht etwa vier Inches (10,16 cm). Das Maß bezeichnet die Höhe zwischen Boden und Widerrist.

Im Jahr 1792 bestand die kaiserliche Reiterei mit zwei Karabiniers-, neun Kürassier-, sieben Chevaulégers-, neun Husaren- und einem Ulanenregiment aus insgesamt 35 Regimentern. Hinzu kam ein Halbregiment Stabsdragoner für Bedeckungs-, Melde- und Ordonnanzdienste. Im Zuge der Reform von 1798 wurden die Karabiniersregimenter in Kürassierregimenter umgewandelt und ein weiteres Regiment Kürassiere aufgestellt, sodass deren Zahl nun zwölf betrug. Dragoner und Chevaulégers wurden zusammengelegt und bildeten die Dragonerwaffe, die ebenfalls um zwei Regimenter aufgestockt wurde. Die Husarenwaffe wurde auf zwölf Regimenter erweitert und je ein neues Ulanen- und ein Regiment Jäger zu Pferde aufgestellt.

Im Jahr 1801 kam es zu einer weiteren Reform: Die Zahl der Kürassierregimenter wurde auf acht reduziert, man unterschied erneut zwischen Dragonern und Chevaulégers. Ein Husarenregiment und die Jäger zu Pferd wurden wieder aufgelöst und die Stabsdragoner auf eine einzige Division reduziert.

In den Jahren 1809 und 1814 wurde je ein neues Regiment Ulanen aufgestellt.

Organisation der Regimenter

Ursprünglich war jedes Kavallerieregiment in vier Divisionen zu je zwei Eskadrons organisiert, zu denen eine Depot-Eskadron mit Unrangierten und Rekruten kam. Bei den Kürassieren betrug die Eskadronsstärke 150, bei den Dragonern und der Leichten Reiterei lag sie mit zwischen 170 und 180 Mann etwas höher. Die Stärke der Depot-Eskadron lag mit 60 bzw. 90 Mann deutlich darunter.

Im Jahr 1806 wurde reformbedingt die Regimentsstärke bei Kürassieren und Dragonern auf sechs Eskadrons reduziert, bei den Chevaulégers, Husaren und Ulanen betrug sie nunmehr acht Eskadrons. Eine Ausnahme bildete das Szekler Grenzhusarenregiment (Nr. 11) mit sechs Eskadrons. Die Eskadronsstärke betrug bei Kürassieren und Dragonern 135, bei den übrigen Regimentern 150 Mann. Die Stärke der Depot-Eskadrons blieb unverändert.

Regimentsstab (Kürassier- und Dragonerregimenter) bis 1806

Anzahl	Pferde[6]	Bezeichnung
1	1	Inhaber
1	1	Oberst-Lieutenant
1	1	Regiments Standartenführer
1	1	Regimentskaplan
1	1	Regiments-Feldarzt
2	-	Stabsfouriere
4	4	Divisions-Trompeter
4	-	Fourierschützen
5	-	Offiziersburschen

Anzahl	Pferde	Bezeichnung
1	1	Regimentskommandeur
2	2	Majore
4	4	Divisions-Adjutanten
1	1	Wachtmeister
1	1	Regiments-Auditor
1	1	Regiments-Rechnungsführer
2	-	Oberärzte
3	-	Unterärzte
1	1	Stabstrompeter
1	-	Oberschmied

Zusätzlich verfügte jedes Regiment über eine Anzahl Handwerker (Sattler, Schuster, Waffenmeister, Schneider, Hufschmiede).

Eskadronsstab (Kürassier- und Dragonerregimenter)

Anzahl	Pferde	Bezeichnung
1	1	Rittmeister
1	1	Unter-Lieutenant
1	1	Standartenführer
6	6	Gefreite
1	1	Trompeter
4	-	Offiziersburschen

Anzahl	Pferde	Bezeichnung
1	1	Ober-Lieutenant
1	1	Wachtmeister
4	4	Corporals
5	5	Vice-Corporals
1	-	Fourierschütze
1	-	Schmied
1	-	Sattler

6 Anm. d. Ü.: Ersatzpferde sind nicht berücksichtigt.

Jede Eskadron war in je zwei Flügel (auch Halb-Eskadrons genannt) organisiert, jeder Flügel zerfiel wiederum in zwei Züge. Die Divisionen waren von 1 bis 4, die Eskadrons von 1 bis 8 durchnummeriert. Die Flügel wurden je Eskadron nummeriert (1. und 2. Flügel). Die Züge erhielten ihre Nummer entsprechend ihrer Position in der Gefechtslinie: Somit enthielt die 1. Eskadron den 1., 3., 5. und 7. Zug, die 2. Eskadron den 2., 4., 6. und 8 Zug. Wie auch in der Infanterie üblich, wurden die Regimenter nach ihrem Inhaber benannt, die Divisionen und Eskadrons nach ihren jeweiligen Kommandeuren.

Am 7. August 1810 erließ der Hofkriegsrat ein neues Dienstreglement für die Kavallerie, welches mit kaiserlicher Billigung vom 2. Januar 1811 in Kraft trat. Kürassier- und Dragonerregimenter hatten fortan sechs Eskadrons.

Regimentsstab (Kürassier- und Dragonerregimenter)

Anzahl	Pferde	Bezeichnung
1	1	Inhaber
1	1	Oberst-Lieutenant
1	1	Regimentskaplan
1	1	Regiments-Feldarzt
4	-	Fouriere
3	3	Divisions-Trompeter
3	3	Standartenführer
1	1	Profoss
4	-	Fourierschützen

Anzahl	Pferde	Bezeichnung
1	1	Regimentskommandeur
1	1	Major
1	1	Regiments-Auditor
1	1	Regiments-Rechnungsführer
2	-	Oberärzte
3	-	Unterärzte
1	1	Stabstrompeter
5	-	Offiziersburschen

Eskadronsstab (Kürassier- und Dragonerregimenter)

Anzahl	Pferde	Bezeichnung
1	1	Premiers-Rittmeister
2	2	Unter-Lieutenants
1	1	Trompeter
8	8	Corporals
4	-	Offiziersburschen

Anzahl	Pferde	Bezeichnung
1	1	Seconds-Rittmeister
2	2	Ober-Lieutenants
2	2	Wachtmeister
1	-	Fourierschütze
1	-	Schmied
1	-	Sattler

KÜRASSIERE

Im März 1809 verfügte Habsburgs Armee über acht Kürassierregimenter zu je 975 Mann und 1 031 Pferden, aufgeteilt in sechs Eskadrons. Im Frühjahr 1813 hatte jedes Kürassier- und Dragonerregiment vier Eskadrons zu je 144 Mann. Kürassiere trugen den Brustharnisch (Trompeter trugen keinen Kürass). Jede Kürassiereskadron verfügte über acht mit Büchsen bewaffnete Soldaten sowie über acht weitere Soldaten, die mit Karabinern bewaffnet waren. Bis zur Einführung der Helme trugen die Kürassiere unter dem Dreispitz ein Hutkreuz aus Eisen. Der Kürass bestand aus geschwärztem Eisen mit Vorstößen aus weißem Leder (für Offiziere zusätzlich rote Manschetten). Der Brustpanzer wurde mittels weißer Riemen befestigt; alle Schnallen und Beschläge bestanden aus weißem Metall.

K.K. Kürassierregiment Nr. 1
(Kaiser Franz I.)

Rekrutierungsgebiet: Böhmen. 1. Depoteskadron Brigade Daniel in Ödenburg unter Alvinczy.

2. Inhaber	FML Fürst Joseph zu Lothringen	
Depot	Miskolc, Sáros-Patak (Ungarn)	
Oberst (Kommandeur)	Wilhelm von Motzen	Franz Graf Desfours
Oberst-Lieutenant	Franz Graf Desfours	Carl von Wiebbekink
1. Major	Baron Karl von Rehbach	
2. Major	-	

Vor der Schlacht bei Aspern: Das Regiment trat den Feldzug in drei Divisionen (6 Eskadrons) mit 893 Mann und 812 Pferden an.[7] Es überschritt bei Braunau die bayerische Grenze und marschierte mit der autonomen Brigade GM Andreas von Schneller nach Piessing; anschließend war es im II. Reservekorps (Division Friedrich Erbprinz von Hessen-Homburg). Major Wiebbekink (Wiebeking) wurde mit der Majorsdivision und dem Auftrag nach Regensburg entsandt, die dortigen Depots zu bewachen. Am 21. April lag das Regiment in Thalmassing, anschließend in Köfering, von wo aus es innerhalb der Division Franz Graf St. Julien-Waldsee an der Schlacht bei Eggmühl teilnahm. Eine Eskadron befand sich im Détachement des Majors Klehe. Die Attacke der französischen Kavallerie bei Alt-Eglofsheim warf es am Abend des 22. April auf Traubling zurück. Am Folgetag wurde es dem Hauptreservekorps zugeteilt und marschierte zurück nach Böhmen. Später bildete das Regiment einen Teil der Kürassierdivision FML Erbprinz von Hessen-Homburg und innerhalb der Kavallerie-Reserve der Kürassierbrigade Oberst Carl von Kroyer.

Bei Aspern: War es Teil der Division FML Baron Michael von Kienmayer, Brigade Kroyer (Kavallerie-Reserve).

Bei Wagram: Noch immer Brigade Kroyer, Division Hessen-Homburg, Reserve-Korps (jetzt unter dem Kommando von Oberst Desfours). Es erlitt 79 Mann Verluste, von denen 21 starben.

Nach Wagram: Das Regiment verblieb in der o. g. Brigade, die nun einen Teil der Division FML Fürst Schwarzenberg bildete. Es kämpfte bei Znaim, ohne Verluste zu verzeichnen.

K.K. Kürassierregiment Nr. 2
(Erzherzog Franz Joseph von Österreich, Herzog von Modena-Este)

Rekrutierungsgebiete: Ober- und Niederösterreich, Böhmen. Depoteskadron in der Brigade Dunoyer in Ungarisch-Hradisch, Division St. Julien unter Argenteau.

2. Inhaber	Joseph Graf Harnoncourt	
Depot	Margarethen (Ödenburg/Sopron)	
Oberst (Kommandeur)	Chevalier Joseph de Ennuy (Henny)	Major, später Oberst-Lieutenant Karl Schäffer (*ad interim* vor Aspern)
	Carlo Graf Guicciardi (zweiter Oberst)	
Oberst-Lieutenant	Major, später Oberst-Lieutenant Karl Schäffer	
1. Major	Georg von Mann	
2. Major	Josef von Menninger	

7 Die Daten bezeichnen den Stand im Januar 1809 (mit freundlicher Unterstützung von István Nagy).

Vor der Schlacht bei Aspern: Das Regiment trat den Feldzug mit 851 Mann und 771 Pferden an; es bildete einen Teil der Division FML Erbprinz von Hessen-Homburg, Brigade GM Heinrich Bersina von Siegenthal, 1. Reservekorps (GdK Fürst Liechtenstein). Während der Schlacht bei Eggmühl attackierte es zusammen mit dem KR 3 die französische Division Nansouty.

In der Schlacht von Aspern deckte das Regiment die linke Flanke des IV. Korps bei Essling. 44 Kürassiere fielen, 88 Pferde gingen verloren; 38 Mann und 41 Pferde wurden als vermisst gemeldet.

Bei Wagram in der Brigade GM Roussel d'Hurbal kämpfend, griff es tapfer an, wurde aber auf Wagram und Aderklaa zurückgeworfen. Bei Znaim stand es zwischen Brenditz und Winau.

K.K. Kürassierregiment Nr. 3
(FM Albert Herzog zu Sachsen-Teschen)

Rekrutierungsgebiete: Krain, Görz und Küstenländer, Mähren und Schlesien. Depoteskadron in der Brigade Ambschel in Wien, Division Anton Mittrowsky unter O'Reilly.

Depot	Ödenburg	
Oberst (Kommandeur)	Carl von Kroyher	Ferdinand Kuttalek von Ehrengreif
Oberst-Lieutenant	Ferdinand Kuttalek von Ehrengreif	Franz von Gallois
1. Major	Heinrich von Beierweck	
2. Major	Moritz Graf Clary	

Das Regiment trat den Feldzug mit 805 Mann und 756 Pferden an.

Vor der Schlacht bei Aspern: Zusammen mit seinem „Zwilling" KR 2 bildete es einen Teil der Division Hessen-Homburg, Brigade von Siegenthal, I. Reservekorps. Zusammen mit KR 2 griff es bei Eggmühl die französische Division Nansouty an. Bei Aspern, Wagram und Znaim wie KR 2 (s. oben).

K.K. Kürassierregiment Nr. 4
(Erzherzog Ferdinand Carl d'Este – „Kronprinz-Kürassiere")

Rekrutierungsgebiete: Krain, Görz und Küstenländer, Mähren und Schlesien. Depoteskadron in der Brigade Ambschel in Wien, Division Anton Mittrowsky unter O'Reilly. Zahlreiche zeitgenössische Quellen führen das Regiment unter seiner alten Stammnummer 12.[8]

2. Inhaber	Andreas Graf Karaczay (gest. 1808)	FML Johann Fresnel
Depot	Großwardein	
Oberst (Kommandeur)	Baron Philipp Christoph von Bechtold Prinz Gustav von Hessen-Homburg (zweiter Oberst)[9]	
Oberst-Lieutenant	Maximilian von Harnach	Carl Graf Mercandin
1. Major	Carl Graf Mercandin	
2. Major	Baron Franz Bannitza von Hohenlinden	

Das Regiment begann den Feldzug mit 913 Mann und 809 Pferden. Es bildete einen Teil der Brigade GM Baron Ignaz von Lederer, Division Hessen-Homburg, I. Reservekorps.

Bei Eggmühl stellte sich das Regiment am späten Abend des 22. April auf einer Anhöhe vor dem Dorf Köfering auf. Die französischen schweren Kavalleriekorps Nansouty und St. Sulpice griffen kurz vor Sonnenuntergang an, unterstützt von bayerischer und württembergischer leichter Reiterei. So begann das Gefecht bei Alt-Eglofsheim; die österreichische Kavallerie, deren Linien etwa 1 000 Schritt auseinander lagen, wurde hierbei mit voller Wucht von der Attacke der französischen Carabiniers getroffen. Zum Rückzug gezwungen, deckte KR 4 die rechte Flanke der österreichischen Kavallerie (an die sich die linke Flanke der Infanterie anschloss) und ging in guter Ordnung auf Traubling zurück. Die geworfenen österreichischen Reiter sammelten sich hinter der Front des Regiments, dem es gelang, die französischen Verfolger aufzuhalten.

8 Das Regiment behielt zusätzlich die alte Stammnummer 12, nachdem es die Nummer 4 von dem ehemaligen Kürassierregiment Fürst Czartorisky-Sangusco übernommen hatte, welches 1802 aufgelöst worden war.

9 In zahlreichen Werken (z.B. Wrede, Regimentsgeschichten) werden Offiziere als „2. Oberst" aufgeführt, in den zeitgenössischen Ranglisten wie dem Militär-Schematismus sind sie jedoch mit dem regulären Dienstgrad Oberst versehen. Daher führen wir für die Regimenter, die einen derartigen „zweiten Oberst" führen, diesen Suffix mit an.
Der Militärhistoriker Ilya Berkovich teilte freundlicherweise mit, dass jüngere Mitglieder des kaiserlichen Hauses oder Prinzen anderer Länder, für die eine militärische Karriere vorgesehen war, als zweite Oberste eingereiht wurden. In dieser Funktion sollten sie das militärische Handwerk erlernen, bevor sie in den Generalsrang aufstiegen.

Kürassiere, 1806 (Ottenfeld)

Kürassier
Tafel aus der Serie „Abbildung der Neuen Adjustirung der K.K. Armee“ von Tranquillo Mollo, erschienen um 1798.

Österreichische Kürassiere im Wirtshaus

Tuschzeichnung von V.G. Kininger um 1800, aus dem in einer Auflage von 400 Exemplaren veröffentlichten Prachtwerk „Erzherzog Karl - Der Feldherr und seine Armee“, Wien 1913. (Sammlung Markus Stein)

Am nächsten Tag erhielt das Regiment den Befehl, die österreichischen Marschkolonnen durch Regensburg und das linke Donauufer zu decken. Die acht Regimenter der französischen Division Nansouty griffen erneut an, überritten die österreichischen Husaren und Ulanen der ersten Linie, trafen dreimal auf die Linien der sich heldenhaft wehrenden Kronprinz-Kürassiere und zwangen sie schließlich zum Rückzug. Oberst Bechtold wurde mehrfach schwer verwundet. In der Schlacht bei Regensburg am 23. April 1809 verlor KR 4 162 Mann und 169 Pferde und wurde im Tagesbericht lobend hervorgehoben.

Bei Aspern in der gleichen Brigade fechtend, zählte das Regiment nur noch 518 Mann. Es nahm an mehreren Attacken teil und verzeichnete schließlich 4 Gefallene und 15 tote Pferde, 19 verwundete Kürassiere und 13 verwundete Pferde, zudem 21 vermisste Kürassiere und 37 vermisste Pferde. Insgesamt lag der Verlust bei 44 Mann und 65 Pferden.

Bei Wagram wurde das Regiment gegen sächsische Truppen eingesetzt. Am zweiten Tag ritt es Angriffe gegen die französische Elitekavallerie, geriet aber in das Kartätschenfeuer der gegnerischen Artillerie und musste weichen. Es verlor 134 Mann und 143 Pferde.

Bei Znaim stand es innerhalb der Brigade Lederer bei der Kavalleriebrigade Roussel in der rückwärtigen Linie.

K.K. Kürassierregiment Nr. 5
(Marquis Hannibal de Sommariva)

Rekrutierungsgebiete: Steiermark und Kärnten. Reserveeskadron in der Brigade Kerekes in Pressburg unter Alvinczy.

Depot	Rzeszów - Krakau	
Oberst (Kommandeur)	Friedrich von Minutillo	Maximilian Graf Auersperg
Oberst-Lieutenant	Franz von Seymann	
1. Major	Baron Christoph Otto von Ottilienfeld	
2. Major	Paul von Wernhardt	

Das Regiment war mit 854 Mann und 820 Pferden ein Teil des VII. Korps (Erzherzog Ferdinand) in Polen. Es kämpfte bei Raszyn.

Vor der Schlacht bei Aspern in der Brigade GM von Späth, Division FML Baron Schauroth (VII. Korps). Bei Raszyn wurde Oberst Minutillo das Pferd unter dem Leib erschossen. Nach der Schlacht bildete das Regiment einen Teil der Reserve.

K.K. Kürassierregiment Nr. 6
(Baron Friedrich von Gottesheim[10], danach Fürst Moritz von Liechtenstein)

Rekrutierungsgebiete: Böhmen, Mähren und Schlesien. Depoteskadron in der Brigade Daniel in Ödenburg unter Alvinczy.

Depot	Gyöngyös – St. Georgen (Ungarn)	
Oberst (Kommandeur)	Franz Roussel Vicomte d'Hurbal	Baron Carl von Flachenfeld (nach Wagram)
Oberst-Lieutenant	Baron Carl von Flachenfeld	Ludwig Graf St. Aldegonde
1. Major	Anton Klehe	Anton Costenai
2. Major	Prinz Heinrich von Reuss-Köstritz	

Das Regiment trat den Feldzug mit 838 Mann und 780 Pferden an. Es bildete einen Teil des II. Reservekorps FML Baron Michael Kienmayer in der Brigade GM Andreas von Schneller (Division Hessen-Homburg). Fünf Eskadrons verblieben in Reserve während eine Eskadron im Détachement des Majors Klehe diente. Am Abend des 23. April versuchten fünf Eskadronen, sich bei Alt-Eglofsheim dem Angriff der schweren französischen Kavallerie entgegenzustemmen, wurden jedoch geworfen. Das Regiment verlor 50 Mann, Generalmajor von Schneller wurde schwer verwundet. Der Rückzug ging nach Böhmen.

Das Regiment bildete nunmehr einen Teil der Brigade Kroyher, Division Hessen-Homburg (Reservekorps). Vor der Schlacht bei Aspern wechselte es, nunmehr Liechtenstein-Kürassiere genannt, in die Brigade Ignaz von Lederer des o. g. Korps. In der Schlacht ritt es unter Oberst Roussel mehrere blutige Attacken. Während der zweitägigen Schlacht verlor es an Toten 42 Kürassiere und 44 Pferde, 83 Kürassiere und 41 Pferde wur-

10 Baron Friedrich von Gottesheim starb am 5. April 1809 bei Prag.

Kürassierregiment Nr. 1
(Kaiser Franz)

Kürassierregiment Nr. 2
(Erzherzog Franz Joseph)

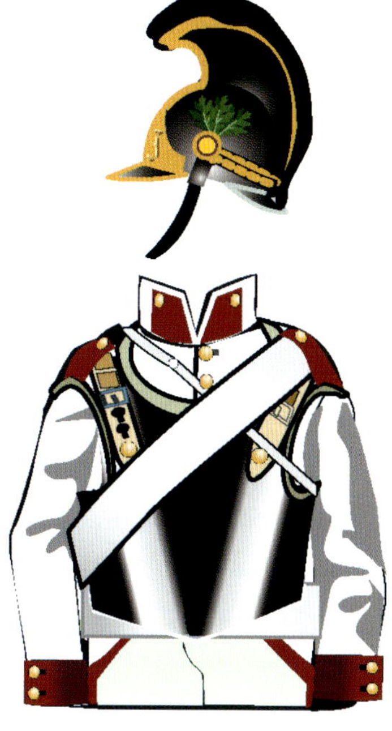

Kürassierregiment Nr. 3
(Sachsen-Teschen)

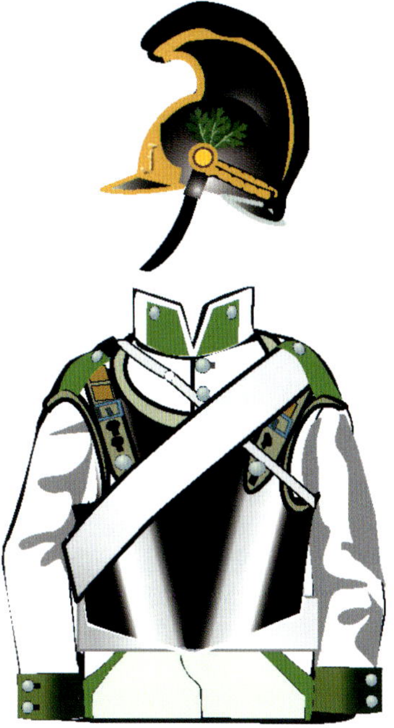

Kürassierregiment Nr. 4
(Erzherzog Ferdinand)

Kürassierregiment Nr. 5
(Marquis de Sommariva)

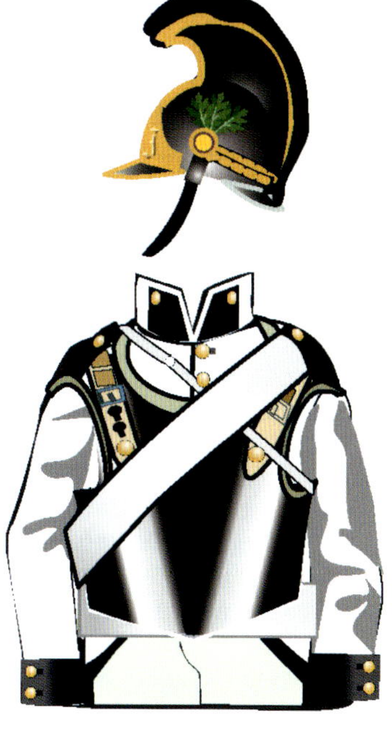

Kürassierregiment Nr. 6
(Liechtenstein)

Uniformen der K.K. Kürassierregimenter 1 bis 6

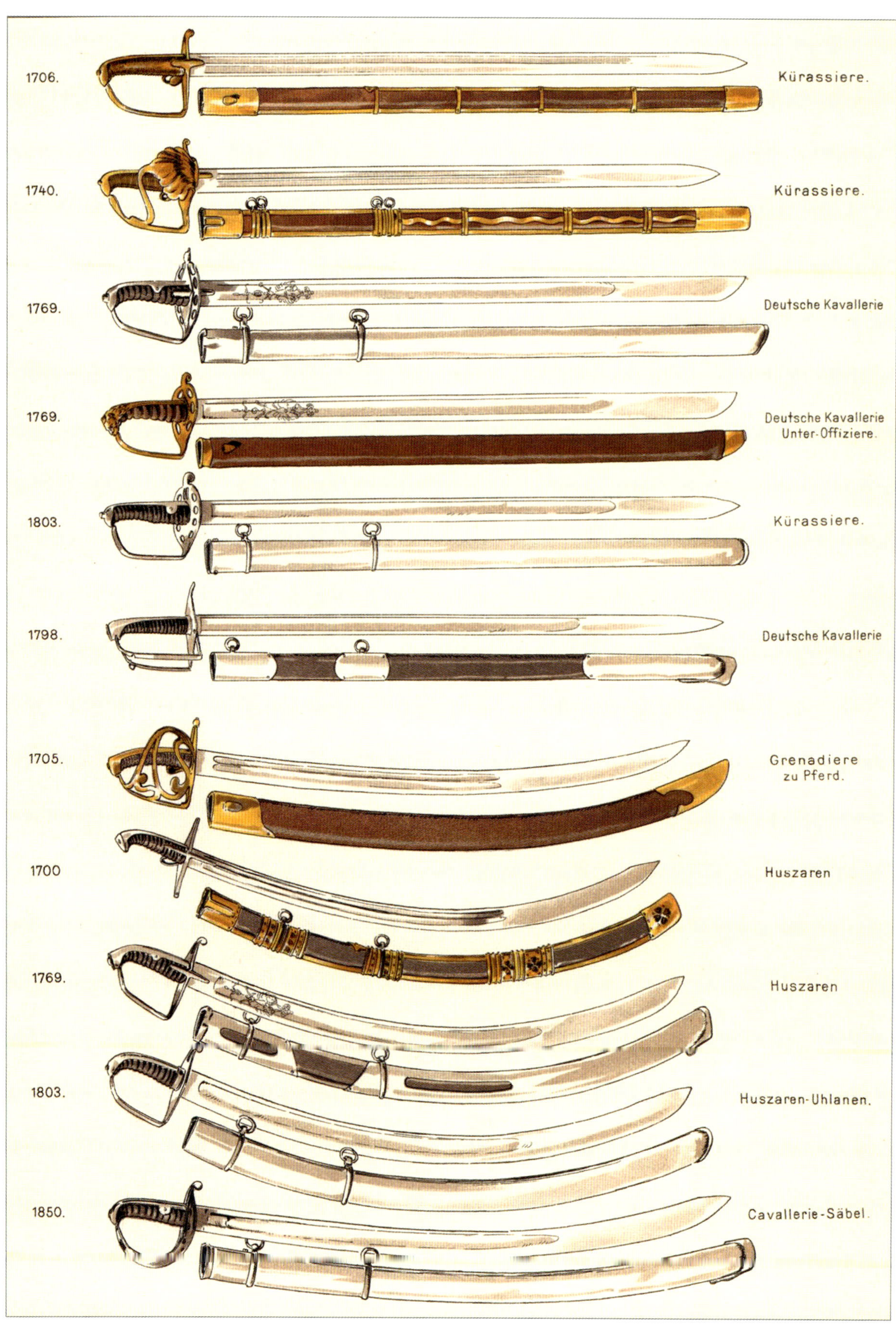

Blankwaffen der österreichischen Kavallerie 1706–1860 (Ottenfeld)

Kürassierregiment Nr. 1
(Kaiser Franz)

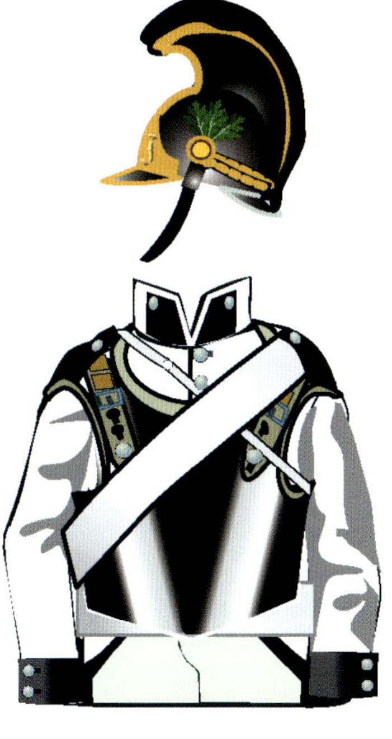

Kürassierregiment Nr. 2
(Erzherzog Franz Joseph)

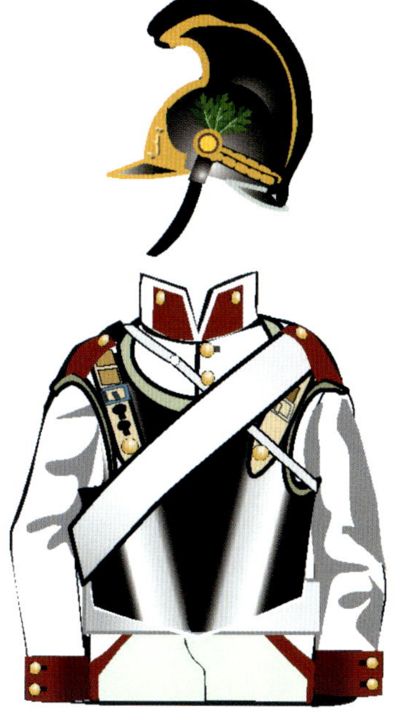

Kürassierregiment Nr. 3
(Sachsen-Teschen)

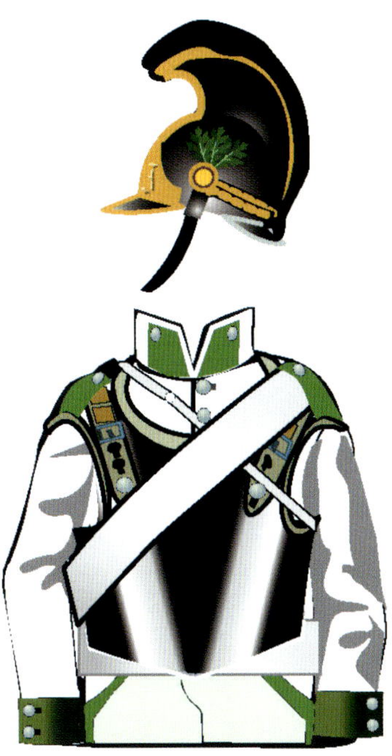

Kürassierregiment Nr. 4
(Erzherzog Ferdinand)

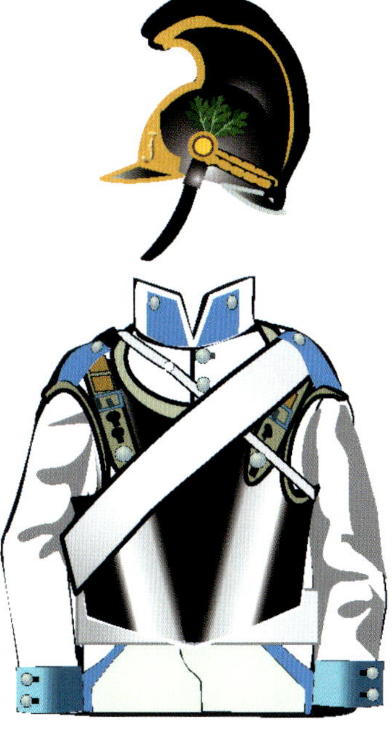

Kürassierregiment Nr. 5
(Marquis de Sommariva)

Kürassierregiment Nr. 6
(Liechtenstein)

Uniformen der K.K. Kürassierregimenter 1 bis 6

den verwundet, 19 Kürassiere und 22 Pferde blieben vermisst. Oberst Roussel wurde mit dem Kommandeurskreuz des Militär-Maria-Theresien-Ordens ausgezeichnet. Corporal Lorenz erhielt in Anerkennung des Heldenmutes, mit dem er Fürst Liechtenstein vor der Gefangenschaft bewahrte, als dieser vom Pferd stürzte, eine goldene Tapferkeitsmedaille.

Nachdem es am ersten Tag der Schlacht bei Wagram vom Gegner überrascht worden war, ging das Regiment bis Stadt Enzersdorf vor, zog sich dann jedoch auf Markgrafneusiedl zurück. Am nächsten Tag wurde es am rechten österreichischen Flügel eingesetzt und bildete nach dem Zusammenbruch der österreichischen Front die Nachhut. Oberst Flachfeld erhielt das Ritterkreuz des Militär-Maria-Theresien-Ordens.

Bei Znaim war es Teil der Reserve der Division FML Fürst Schwarzenberg, ohne zum Einsatz zu kommen.

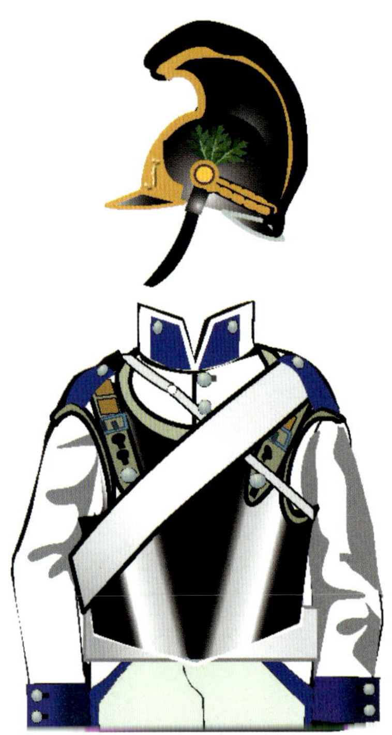

Kürassierregiment Nr. 7
(Prinz von Lothringen-Lambesc)

Kürassierregiment Nr. 8
(Fürst von Hohenzollern-Hechingen)

Uniformen der K.K. Kürassierregimenter 7 und 8

K.K. Kürassierregiment Nr. 7
(GdK Carl Eugen Prinz von Lothringen-Lambesc)
Rekrutierungsgebiete: Mähren, Schlesien und Galizien.
Reserveeskadron in der Brigade Kerekes in Pressburg unter Alvinczy.

Depot	Zolkiew, danach Szombor (Ungarn)	
Oberst (Kommandeur)	Johann Piccard von Grünthal	Prinz Ferdinand von Hessen-Homburg
Oberst-Lieutenant	Franz Sedelmayer von Seefeld	
1. Major	Prinz Ferdinand von Hessen-Homburg	Chevalier Anton Convay de Watterfort
2. Major	Franz Hayden	

Das Regiment trat den Feldzug mit 883 Mann und 772 Pferden an.

Vor der Schlacht von Aspern operierte es ebenso wie KR 5 als Teil der Brigade Späth (Division Schauroth, VII. Korps) in Polen. Es kämpfte bei Raszyn und nahm am Vormarsch nach Warschau teil. Nach der Schlacht bei Grochow zog es sich schließlich nach Galizien zurück.

K.K. Kürassierregiment Nr. 8
(GdK Friedrich Anton Fürst von Hohenzollern-Hechingen)
Rekrutierungsgebiet: Böhmen. Reserveeskadron in der Brigade Ambschel in Wien,
Division Anton Mittrowsky unter O'Reilly.

Depot	Debrecen, danach Bath (Ungarn)	
Oberst (Kommandeur)	Chevalier Jacob O'Ferral	Baron Clemens Grosselsberg von Hohenforst
	Prinz Gustav von Hessen-Homburg (versetzt zu KR 4) (zweiter Oberst)	
Oberst-Lieutenant	Baron Clemens Grosselsberg von Hohenforst	Chevalier Robert Martyn
1. Major	Georg von Hirsch	Franz Meller
2. Major	Baron Ferdinand von Falkenhausen	Baron Philipp von Zedlitz

Das Regiment trat den Feldzug mit 865 Mann und 783 Pferden an.

Vor der Schlacht bei Aspern bildete es einen Teil der Brigade GM Ignaz von Lederer, Division Hessen-Homburg (Reservekorps). Bei Eggmühl diente es als Kavalleriereserve der 3. Kolonne (Hohenzollern). Auf dem Weg nach Landshut verlor es am 21. April seinen gesamten Tross und die Regimentskasse. Am Abend des 22. April geriet es in den französischen Angriff und die anschließende Verfolgung bei Alt-Eglosheim. Am folgenden Tag wurde es zwischen Regensburg und Eggmühl als Bedeckung des österreichischen Rückzugs eingesetzt und war ganztägig in schwere Reitergefechte verwickelt.

Bei Aspern stand das Regiment innerhalb der Brigade Kroyher (Division Kienmayer) im Reservekorps (Fürst Liechtenstein). Am ersten Tag der Schlacht wurde es von Fürst Liechtenstein persönlich angeführt, am zweiten Tag musste das Regiment schwere Kämpfe bestehen und verlor erstaunlicherweise nur sieben Mann und 15 Pferde.

Bei Wagram kämpfte es erneut in der Brigade Lederer; es avancierte auf Raschdorf, musste aber nach tapferer Gegenwehr auf Markgrafneusiedl zurückgehen. Das Regiment wurde der 2. Kolonne zugeteilt und zur Unterstützung des IV. Korps erneut vorgeschickt. Der Angriff zerfiel im Feuer der französischen Artillerie. Anschließend wurde das Regiment der Kavalleriebrigade Rothkirch unterstellt (Division Nostitz) und auf Korneuburg zurückgezogen. Die Verluste des Regiments bei Wagram wurden als sehr hoch bezeichnet.

Schließlich kehrte es in die Brigade Lederer zurück (Division Hessen-Homburg) und verblieb innerhalb der Kavalleriereserve hinter der Hauptkampflinie.

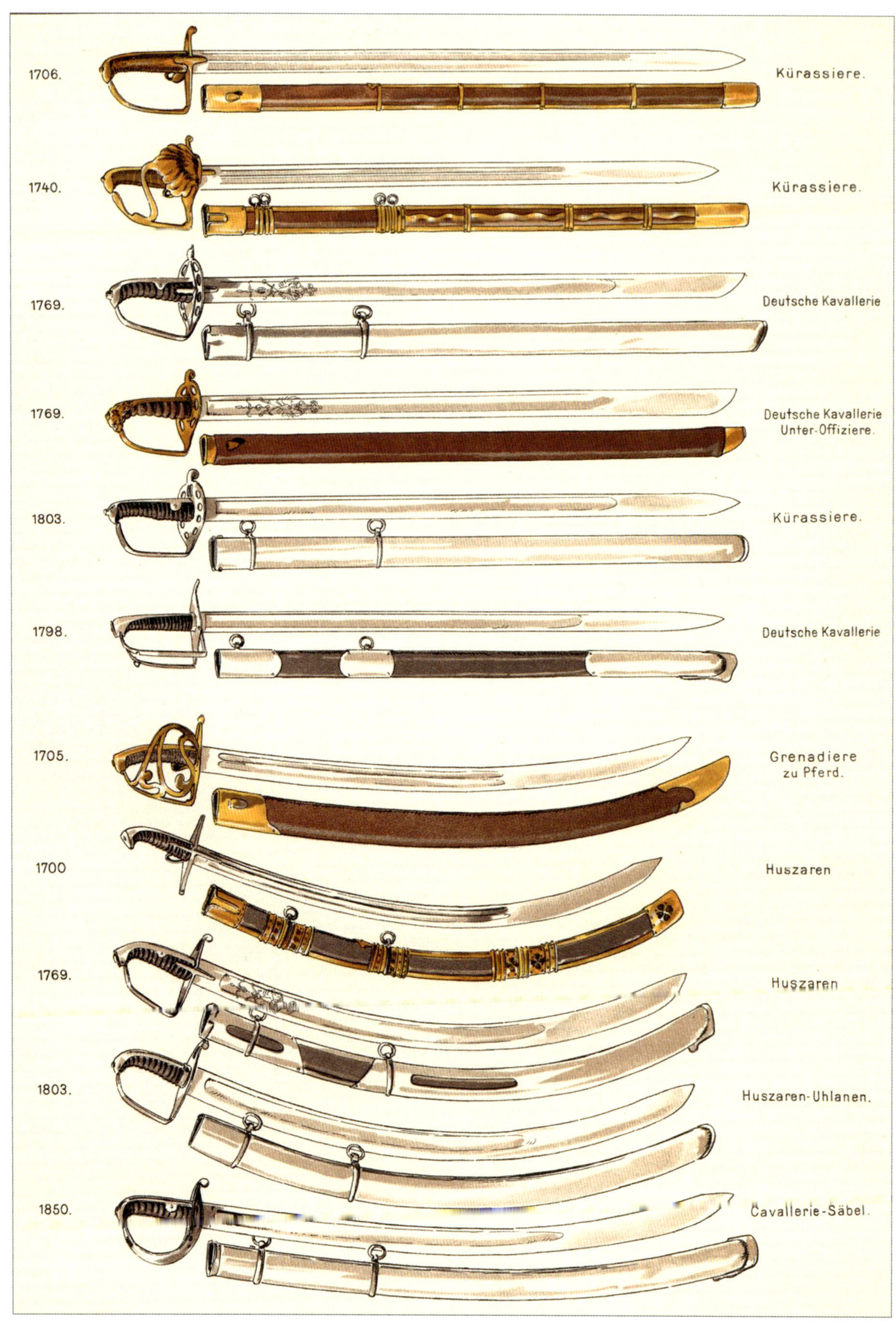

Blankwaffen der österreichischen Kavallerie 1706–1860 (Ottenfeld)

DRAGONER

Dragoner waren ursprünglich „nicht Pferd, nicht Vieh, zu Pferd gesetzte Infanterie", also Fußtruppen, die lediglich zwecks größerer Beweglichkeit beritten waren und im Gefecht aber wieder absaßen. Dieser infanteristischen Ausrichtung entsprechend, wurden ihre Kompanien anstatt von Rittmeistern von Hauptleuten kommandiert. Ihr traditionelles Signalinstrument war lange Zeit die Trommel, bevor in den 60er-Jahren des 18 Jahrhunderts auch die kaiserlichen Dragoner Trompeter erhielten. Wie auch die Kürassiere, waren die Dragoner mit Karabinern und einem schweren geraden Pallasch bewaffnet. Jede Eskadron verfügte über 16 Mann, die mit gezogenen Gewehren ausgerüstet waren.

Um den starken Ausbau der französischen Kavallerie auszugleichen, bemühte sich Österreich im Jahr 1809, seine Reiterei ebenfalls massiv aufzustocken. Kavalleriebrigaden und -divisionen wurden aufgestellt, doch mangelte es an präzisen Exerzierreglements für diese Verbände und infolgedessen an den entsprechenden praxisorientierten Manövern. Tatsächlich hielt man weitgehend an der alten Praxis fest, die Regimenter in mehrere Détachements aufzuteilen und sie vor allem zu Aufklärungs- und Kundschafterdiensten heranzuziehen. Der offensichtliche Nachteil dieser Methode, die vor allem die Dragonerregimenter betraf, war, dass die taktische Schlagkraft der österreichischen Reiterei erheblich reduziert wurde.

Eine Ursache dieser übervorsichtigen Herangehensweise war möglicherweise Sparsamkeit, die aus einem chronischen Mangel an Pferden resultierte. Mit Ausnahme der ungarischen Tiefebene, war Österreich ohnehin ein von Gebirgen durchzogenes Reich, welches der Kavallerie wenig Entfaltungsmöglichkeiten bot. Im Vergleich zu anderen Nationen war die zahlenmäßige Stärke der Reiterei entsprechend gering. Im Jahr 1809 betrug im kaiserlichen Heer das numerische Verhältnis zwischen Kavallerie und Infanterie (Linienregimenter, Jäger, Grenzer) 1:7,5 (zu einem anderen Zeitpunkt sogar nur 1:10). In Frankreich betrug das Verhältnis hingegen 1:6, im weiten und von Ebenen bestimmten Zarenreich 1:5. In Polen betrug es gar 1:4. Bei Wagram verfügte Österreichs Heer über 113 830 Infanteristen, aber nur über 15 130 Kavalleristen (1:7,5). Den Franzosen hingegen gelang es in mehreren Schlachten (insbesondere, wenn Napoleon persönlich anwesend war), das Verhältnis auf 1:3 zu verändern.

Gegen Ende des 18. Jahrhunderts begann man mit der Aufstellung von beweglichen Verbänden leichter Infanterie. Als deren besondere Aufgaben waren Kundschafterdienste, Aufklärung und Überfälle auf feindliche Kolonnen vorgesehen. Diese Truppen übernahmen damit Funktionen, für die zuvor besonders Dragoner herangezogen worden waren. Man beschloss daher, die Dragoner nunmehr in leichte Kavallerie umzuwandeln. Diese Leichten Dragoner gingen später in den Chevaulégers auf[11] – von den ursprünglich 14 leichten Dragonerregimentern existierten 1809 nur noch sechs.

Im März 1809 verfügte Österreichs Heer über sechs Regimenter Dragoner zu je 975 Mann und 1 031 Pferden, die wie bei den Kürassieren und analog zu den Infanteriebataillonen in je sechs Eskadrons gegliedert waren. Darüber hinaus gab es ein Stabsregiment für Bedeckungs-, Meldereiter- und Ordonnanzdienste. Die Stabsdragoner wurden stets vor einem Feldzug aus den zuverlässigsten und mutigsten Männern aller übrigen Dragonerregimenter zusammengestellt, was ihnen den Charakter einer Elitetruppe verlieh. Zu den Aufgaben der Stabsdragoner gehörte es, den Tross zu schützen, sie versahen darüber hinaus auch militärpolizeiliche Aufgaben und begleiteten als Eskorte die Generäle auf ihren Erkundungsritten. Erstmalig waren Stabsdragoner während des Siebenjährigen Krieges im Jahr 1758 aufgestellt worden.

Ein österreichisches Kavallerieregiment bestand im Allgemeinen aus zwei bis vier Divisionen zu je zwei Eskadrons. Die Divisionen bildeten in der Regel die taktische Grundeinheit. Jede Eskadron bestand aus vier Zügen.

11 Chevaulégers, aus Kostengründen auf kleineren Pferden berittene Dragoner, hatte es bereits für kurze Zeit während des Siebenjährigen Krieges gegeben (Anm. d. Ü.).

K.K. Stabsdragonerregiment

Rekrutierungsgebiete: Alle Rekrutierungsbezirke der K.K. Dragonerregimenter. Nach schweren Verlusten in der Schlacht bei Marengo im Jahr 1800 wurde es zunächst aufgelöst – im Jahr 1809 in Divisionsstärke aber wiedererrichtet. Diese bestand bis zur erneuten Auflösung im Jahr 1815.

Generalquartiermeister	GM Anton Meyer von Heldenfeld (Wien)	
Wien	Oberst (Kommandeur)	Xaver von Richter
	Oberst-Lieutenant	Johann Meyer von Heldenfeld
	Oberst-Lieutenant	Baron Franz von Abele
	Oberst-Lieutenant	Heinrich von Geppert
Oberösterreich	Oberst (Kommandeur)	Franz von Czerwenka
	Oberst-Lieutenant	Martin Czolich
Kroatien	Oberst (Kommandeur)	Franz von Tomassich
	Oberst-Lieutenant	Carl von Quosdanovich
Österreich	Oberst (Kommandeur)	Andrä Petrich
Böhmen	Oberst (Kommandeur)	Baron Joseph von Stutterheim
	Oberst-Lieutenant	Werner Trapp

Die Stabsdragoner trugen die Uniform des ehemaligen 9. Leichten Dragonerregiments, welches 1802 aufgelöst worden war.

K.K. Dragonerregiment Nr. 1
(FM Erzherzog Johann Baptist)

Rekrutierungsgebiet: Innerösterreich (Steiermark und Kärnten, Salzburg). 1802 aus dem (Leichten) Dragonerregiment Nr. 3 formiert. Reserveeskadron in der Brigade Ambschel in Wien, Division Anton Mittrowsky unter O'Reilly.

2. Inhaber	FML Baron Carl von Lilien	
Depot	Keszthély (Ungarn), später Debrecen (Ungarn)	
Oberst (Kommandeur)	Chevalier Johann Belloutte et Watters	Carl Graf Grünne (versetzt in den Generalstab)
	Johann von Szombathely (nach der Schlacht bei Wagram, zweiter Oberst)	
Oberst-Lieutenant	Baron Sigmund Enzenberg	Chevalier Jakob Sück
1. Major	Josef Sturm	
2. Major	Armand Graf Dudroccior	Joseph von Schuster

Das Regiment trat den Feldzug mit 829 Mann und 794 Pferden an.

Vor der Schlacht bei Aspern zunächst im II. Korps (Kolowrat), drei Eskadrons in der Brigade GM Heinrich Graf Rottermund, Division FML Baron Thomas von Brady, drei weitere Eskadrons in der Brigade GM Carl von Fölseis, Division FML Franz Weber von Treuenfels. Die Majorsdivision kämpfte bei Regensburg, der Rest verblieb bis Mitte Mai in Reserve. Während dieser Zeit dem I. Reservekorps (Kavalleriedivision Hessen-Homburg) zugeteilt.

Bei Aspern bildete das Regiment einen Teil der Division FML Baron Michael von Kienmayer (Brigade Rottermund) und stand in Hillers Kolonne. Abordnungen waren in der Division Kottulinsky (VI. Korps) integriert. Es verlor insgesamt 36 Mann und 76 Pferde.

Bei Wagram: Brigade Rothkirch, Division Nostitz (Reservekorps). Zunächst nach Pischdorf und Glinzendorf entsandt, verstärkte es später den linken Flügel bei Markgrafneusiedl.

Nach der Schlacht bei Wagram kämpfte das Regiment als Teil der Nachhutdivision FML Fürst Schwarzenberg bei Korneuburg und Znaim (Brigade GM Theumern von Neckersfeld).

Jäger zu Pferd und Leichter Dragoner 1806 (Ottenfeld)

K.K. Dragonerregiment Nr. 2
(FML Friedrich Fürst zu Hohenlohe-Ingelfingen)

Rekrutierungsgebiete: Böhmen, Ober- und Niederösterreich. Reserveeskadron in der Brigade Daniel in Ödenburg unter Alvinczy. Ursprünglich König Max Joseph von Bayern ehrenhalber verliehen, wechselte es den Inhaber bei Ausbruch des Krieges.

Depot	Keszthely – Pécsvárad	
Oberst (Kommandeur)	Emerich von Bésán	
Oberst-Lieutenant	Baron Dagobert von Wimpffen (abgedankt)	Ferdinand Holzbecher von Adelsehr
1. Major	Valentin von Veigel	

Das Regiment trat den Feldzug in der Armee Erzherzog Johanns mit 846 und 772 Pferden an.

Vor der Schlacht bei Aspern bildete das Regiment einen Teil der Brigade Hager, Division Wolfskehl, IX. Korps (FZM Graf Gyulai). Es kämpfte bei Sacile und Vicenza, ehe es sich über die Piave zurückzog, wo es zusammen mit den Ott-Husaren und Savoyen-Dragonern eine Attacke ritt. General Wolfskehl fiel, Oberst Bésán geriet in Gefangenschaft. Er wurde jedoch bald darauf ausgetauscht und kehrte zum Regiment zurück.

Zwischen Aspern und Wagram stand das Regiment in der Brigade seines Obersten bei Raab (Division Frimont, VIII. Korps), ohne an größeren Aktionen beteiligt zu sein. Eine Eskadron kämpfte sich nach Pressburg durch, um die Verbindung zwischen der Armee Innerösterreichs und der Hauptarmee herzustellen.

Bei Wagram griff es nicht ein. Die Majorsdivision stand im IX. Korps.

K.K. Dragonerregiment Nr. 3
(FML Baron Vincent Knesevich von Sankt-Helena, ehemals Württemberg-Dragoner)

Rekrutierungsgebiete: Mähren, Schlesien und Württemberg, später Ungarn. Reserveeskadron in der Brigade Ambschel in Wien, Division Anton Mittrowsky unter O'Reilly. Berühmtes, schlagkräftiges Regiment, dessen Inhaber König Friedrich Wilhelm Carl von Württemberg 1809 an der Seite Frankreichs in den Krieg eintrat. Das Regiment erhielt daraufhin Baron Knesevich verliehen.

Depot	Landau – Ujbecs (Banat) – Großwardein		
Oberst (Kommandeur)	Wenzel von Ollnhausen		
Oberst-Lieutenant	Carlo Graf Guicciardi	Baron Andreas von Rassler	Chevalier Maximilian von Baumgarten
1. Major	Baron Andreas von Rassler		
2. Major	Anton Häring	Josef Regelsberg von Thurnberg	

Das Regiment trat den Feldzug mit 819 Mann und 779 Pferden an. Es war Teil des II. Reservekorps (FML Michael Kienmayer), Brigade GM Josef von Clary. Im Gefecht von Pfeffenhausen ging der gesamte Tross des Regiments verloren. Bei Landshut (21. April 1809) kämpften vier Eskadrons unter Baron Constantin D'Aspre. Während der Treffen bei Abensberg und Teugn-Hausen war die Brigade geteilt. Am 24. April kämpften zwei jeweils geteilte und mit Vorhutaufgaben betraute Eskadrons innerhalb der Division Kottulinsky im Treffen bei Neumarkt an der Roth.

Am 3. Mai entsandte das Regiment anlässlich des Gefechts bei Ebelsberg eine Division zur Unterstützung der Grenadiere und der Rosenberg-Chevaulégers nach Asten (Division Vincent). Das Regiment zog sich nach Wien zurück. Als sich die Stadt schließlich den Franzosen ergab, geriet die dortige Reserveeskadron des Regiments in Gefangenschaft. Dem Rest des Regiments war es rechtzeitig gelungen, sich über die Donau abzusetzen und zur Hauptarmee zu stoßen.

Bei Aspern bildete das Regiment nach wie vor einen Teil der Brigade Clary (Division Kienmayer, II. Reservekorps). Es stand in der ersten Linie und lieferte sich heftige Gefechte mit der Kavallerie der Kaisergarde. Es verlor 14 Tote und 95 getötete Pferde, 119 Dragoner wurden verwundet, 24 gefangengenommen. Nach der Schlacht war es nur noch knapp zwei Divisionen stark.

Bei Wagram stand es in der Brigade GM Theumern von Neckersfeld, Division FML Fürst Schwarzenberg (Reservekorps). Bei Pischdorf und kurz darauf bei Rasdorf ins Gefecht entsandt, litt es unter der heftigen gegnerischen Kanonade: Es verlor 26 Tote und 105 getötete Pferde, 25 Dragoner gingen mitsamt ihren Pferden in Gefangenschaft.

Später war es Teil der Brigade GM Baron Rothkirch (Division FML Graf Nostitz); bei Znaim stellte es sich bei Teßwitz auf, ohne ins Gefecht zu kommen.

K.K. Dragonerregiment Nr. 4
(FML Baron Franz Levenehr)

Ehemals K.K. Chevaulégersregiment Nr. 14. „Zwillingsregiment“ von K.K. Dragonerregiment Nr. 3. Rekrutierungsgebiete: Ober- und Niederösterreich, Mähren, Ungarn. Reserveeskadron als Teil der Brigade Ambschel in Wien (Division Mittrowsky unter O'Reilly).

Depot	Neusatz, danach Theresiopel (Ungarn)	
Oberst (Kommandeur)	Anton Graf Hardegg	Georg von Hirsch
Oberst-Lieutenant	Wenzel Bachmann (gef. bei Abensberg)	Bernhard Agies
1. Major	Bernhard Agies	
2. Major	Stanislaw Poradowski	

Das Regiment begann den Feldzug mit 867 Mann und 778 Pferden.

Vor der Schlacht bei Aspern: Wie Nr. 3 im II. Reservekorps (FML Kienmayer), Brigade GM Josef von Clary. Nach der Schlacht bei Landshut wurde das Regiment aus der Brigade herausgelöst; 4 ¾ Eskadrons wurden einem Vorhutverband unter dem Kommando von GM Ludwig Thierry zugeteilt, 1 ¼ Eskadrons kamen zum Détachement des Obersten Anton von Hammer. Beide Verbände, die der Division Lusignan (III. Korps) angehörten, wurden in der Schlacht bei Abensberg überritten und gerieten nach chaotischem Rückzug größtenteils in Gefangenschaft. Am 19. und 20. April verlor das Regiment 98 Mann (darunter Oberst-Lieutenant Bachmann) sowie 280 Verwundete und Gefangene. 293 Pferde wurden getötet oder verletzt. Damit hatte das Regiment als taktischer Verband praktisch aufgehört zu existieren, und es wurde zur Reorganisation für drei Monate ins Lager nach Rohrendorf zurückgenommen. Während dieser Zeit versahen kleinere Abteilungen Wach- und Patrouillendienste am linken und rechten Donauufer in der Region um Grafenwörth. Es gehörte mit zwei Eskadrons zur Brigade Oberst Johann Ignaz Franz Graf Hardegg auf Glatz und im Marchlande. Weitere beteiligte Formationen waren 3. Btl./IR 29 (Lindenau), Ergänzungstransport IR 40 (Mittrowsky), Détachement Depotdivision IR 59 (Jordis) und Depotkompanie Feldjägerbataillon Nr. 9.

K.K. Dragonerregiment Nr. 5
(FM Eugen Franz Prinz von Savoyen, Graf von Soissons)

Rekrutierungsgebiete: Böhmen, Ober- und Niederösterreich. Reserveeskadron als Teil der Brigade Daniel in Ödenburg unter Alvinczy.

2. Inhaber	Ferdinand Graf Tige		
Depot	Moor, Iharos-Bérenyi, später Reps (Siebenbürgen)		
Oberst (Kommandeur)	Karl Graf Aichelburg (gef. an der Piave)	Baron Franz von Gabelkoven	
Oberst-Lieutenant	Baron Franz von Gabelkoven	Graf Portolazzi	Florian von Babel
1. Major	Baron Karl Spens		

Die Savoyen-Dragoner begannen den Feldzug mit 730 Mann und 715 Pferden. Das Regiment bildete einen Teil der Italienarmee Erzherzog Johanns (IX. Korps FML Ignaz Graf Gyulai; Division Wolfskehl, Brigade Hager). Bei Pordenone und Fontanafredda (Sacile) attackierte es unter dem Kommando von GM Csorich gemeinsam mit den Ott-Husaren die französische Kavallerie unter Sahuc. Nach dem Vormarsch, der es bis Vicenza führte, ging das Regiment schließlich auf die Piave zurück. Bei Piavesella erhielt es den Auftrag, drei Batterien Feldartillerie zu decken. Das Regiment stellte sich hinter DR 2 in der zweiten Linie auf. Es geriet in den unmittelbar einsetzenden feindlichen Artilleriebeschuss und musste durch die französischen Zwölfpfünder schwere Verluste hinnehmen. Nach einem zweistündigen Artillerieduell ritten die Dragoner zur Attacke an, gerieten jedoch unversehens in den Gegenangriff der Franzosen. General Wolfskehl und Oberst Aichelburg fielen. Das Regiment verzeichnete 81 Gefallene und zahlreiche Verwundete. Der Rückzug ging in die Steiermark. Es folgten Gefechte bei Windisch-Feistritz, Graz und Leoben.

Zwischen Aspern und Wagram stand eine Division des Regiments im Hauptkorps bei Graz am linken Ufer der Mur (FML Gyulai, FML Knesevich, Brigade Amadé); die 2. Division in der Brigade Kálnássy, die dritte Division in der Brigade Gavassini. Schließlich kam das Regiment zum Reservekavalleriekorps des VIII. Korps (Brigade Besan, Division Frimont). Bei Raab war es zugegen, doch nur die Reserveeskadron kam ins Gefecht.

Helm, Rock und Feldbinde des Rittmeisters Emanuel Graf Mensdorff-Pouilly vom Dragonerregiment Nr. 12 um 1801
Aus dem in einer Auflage von 400 Exemplaren veröffentlichten Prachtwerk „Erzherzog Karl Der Feldherr und seine Armee“, Wien 1913. (Sammlung Markus Stein)

Reiterkampf zwischen österreichischen Dragonern und französischen Chasseurs à cheval
Johann Baptist Seele um 1810, aus dem in einer Auflage von 400 Exemplaren veröffentlichten Prachtwerk „Erzherzog Karl – Der Feldherr und seine Armee“, Wien 1913. (Sammlung Markus Stein)

Österreichische Dragoner mit Heubündeln
Johann Baptist Seele, o.J. Original befindet sich im Heeresgeschichtlichen Museum Wien, Fotografie Markus Stein.

K.K. Dragonerregiment Nr. 6
(FML Johann Graf Riesch)

Rekrutierungsgebiete: Böhmen und Mähren. Reserveeskadron Brigade de Baut bei Chrudim unter Riesch und Laudon.

Depot	Nikolsburg, Časlau, später Rohatyn (Galizien)
Oberst (Kommandeur)	Baron Heinrich von Scheither
Oberst-Lieutenant	Wilhelm von Kronenburg
1. Major	Baron Friedrich von Wangen

Das Regiment trat den Feldzug mit 921 Mann und 805 Pferden an.

Vor der Schlacht bei Aspern gehörte das Regiment dem I. Reservekorps (Fürst Liechtenstein), Division Hessen-Homburg, Brigade Rottermund an. Am 22. April erreichte es Stadt-am-Hof (Regensburg) und entsandte eine Eskadron nach Straubing, die dort prompt gefangengenommen wurde. Nach diesem Malheur verblieb das Regiment in Reserve.

Bei Aspern war das Regiment noch 623 Mann stark. Es bildete innerhalb der Brigade Rottermund nunmehr einen Teil der Division Kienmayer. Während der Schlacht attackierte es zusammen mit den Blankenstein-Husaren die rechte Flanke des Gegners, während ein Teil zurückritt, um zusammen mit den Insurrektionshusaren die dritte österreichische Linie zu verstärken. Hierbei gerieten einige Dragoner in Gefangenschaft. Die Verluste beliefen sich auf 19 Tote und 74 tote Pferde, 52 verwundete und 13 verwundete Pferde sowie je fünf Vermisste und vermisste Pferde.

Bei Wagram war es Teil der Brigade Rothkirch, Division Nostitz, Reservekorps (Liechtenstein). Während der Schlacht wurde die Oberst-Lieutenants-Division von 25 französischen Geschützen unter Feuer genommen, während es der Majors-Division als einziger gelang, tatsächlich mit den Franzosen die Klingen zu kreuzen. Das Regiment verlor 89 Tote und 103 tote Pferde, 39 Verwundete und 37 verwundete Pferde, 34 Vermisste und 26 vermisste Pferde (insgesamt 162 Mann und 166 Pferde).

Bei Znaim war es zugegen, kam aber nicht zum Einsatz (Brigade GM Theumern von Neckersfeld, Reservedivision Schwarzenberg).

Strukturelle Veränderungen innerhalb der kaiserlichen leichten Reiterei nach 1802

Zwischen 1798 und 1802 besaß Österreich 15 Regimenter Leichte Dragoner (14 reguläre Regimenter sowie ein Regiment Stabsdragoner). Alle wurden 1802 aufgelöst und zu sechs Dragoner- und sechs Chevaulégersregimentern umgebildet:

K.K. Leichtes Dragonerregiment Nr. 1 (Kaiser Franz) wurde K.K. Chevaulégersregiment Nr. 1.
K.K. Leichtes Dragonerregiment Nr. 2 (Erzherzog Ferdinand) wurde aufgelöst, die Mannschaften auf die übrigen Dragoner- und Chevaulégersregimenter verteilt.
K.K. Leichtes Dragonerregiment Nr. 3 (Erzherzog Johann) wurde K.K. Dragonerregiment Nr. 1.
K.K. Leichtes Dragonerregiment Nr. 4 (Hohenzollern) wurde K.K. Chevaulégersregiment Nr. 2.
K.K. Leichtes Dragonerregiment Nr. 5 (Modena) wurde aufgelöst, die Mannschaften kamen zu den übrigen Dragonerregimentern.
K.K. Leichtes Dragonerregiment Nr. 6 (Coburg) wurde aufgelöst, die Mannschaften auf die Chevaulégersregimenter aufgeteilt.
K.K. Leichtes Dragonerregiment Nr. 7 (Waldeck) wurde K.K. Dragonerregiment Nr. 2.
K.K. Leichtes Dragonerregiment Nr. 8 (Württemberg) wurde K.K. Dragonerregiment Nr. 3.
K.K. Leichtes Dragonerregiment Nr. 9 (Regiment Stabsdragoner) wurde aufgelöst.
K.K. Leichtes Dragonerregiment Nr. 10 (Lobkowitz) wurde K.K. Chevaulégersregiment Nr. 3.
K.K. Leichtes Dragonerregiment Nr. 11 (Latour) wurde K.K. Chevaulégersregiment Nr. 4.
K.K. Leichtes Dragonerregiment Nr. 12 (Kinsky) wurde K.K. Chevaulégersregiment Nr. 6.
K.K. Leichtes Dragonerregiment Nr. 13 wurde K.K. Chevaulégersregiment Nr. 5.
K. K: Leichtes Dragonerregiment Nr. 14 (Levenehr) wurde K.K. Dragonerregiment Nr. 4.
K.K. Leichtes Dragonerregiment Nr. 15 wurde K.K. Dragonerregiment Nr. 5.

Bis 1792 besaßen die K.K. Dragonerregimenter je sechs Dragoner- und zwei Chevaulégerseskadrons. Von 1799 bis 1801 wurden beide zu Leichten Dragonern zusammengefasst. Dann wurden je sechs Regimenter Dragoner und Chevaulégers aufgestellt. Im Jahr 1809 wurden die Dragoner (jedes Regiment zu sechs Eskadrons) schließlich zur schweren Reiterei gezählt.

Dragonerregiment Nr. 1
(Erzherzog Johann Baptist)

Dragonerregiment Nr. 2
(Friedrich Fürst zu
Hohenlohe-Ingelfingen)

Dragonerregiment Nr. 3
(Baron Vincent Knesevich von
Sankt-Helena)

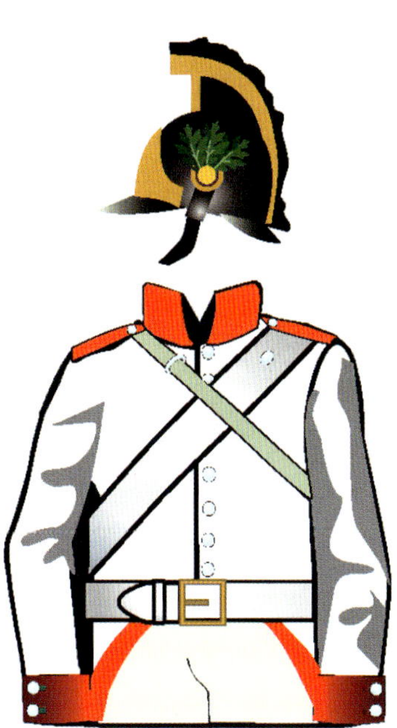

Dragonerregiment Nr. 4
(Baron Franz Levenehr)

Dragonerregiment Nr. 5
(Franz Prinz von Savoyen)

Dragonerregiment Nr. 6
(Johann Graf Riesch)

Uniformen der K.K. Dragonerregimenterer 1 bis 6

Einquartierung Österreichischer Offiziere.
Aquarell von V.G. Kininger, aus dem in einer Auflage von 400 Exemplaren veröffentlichten Prachtwerk „Erzherzog Karl - Der Feldherr und seine Armee“, Wien 1913. (Sammlung Markus Stein)

Chevaulégersregiment Nr. 1
(Kaiser Franz)

Chevaulégersregiment Nr. 2
(Prinz Friedrich Xaver von Hohenzollern-Hechingen)

Chevaulégersregiment Nr. 3
(Andreas Graf O'Reilly)

Chevaulégersregiment Nr. 4
(Baron Carl von Vincent)

Chevaulégersregiment Nr. 5
(Johann Graf Klenau von Janowitz)

Chevaulégersregiment Nr. 6
(Franz Fürst Rosenberg-Orsini)

Uniformen der K.K. Chevaulégersregimenter 1 bis 6

CHEVAULÉGERS

In den Jahren 1801 und 1802 wurden fünf Regimenter Leichte Dragoner und ein neu errichtetes Regiment Dragoner zu Chevaulégers. 1814 kam ein weiteres Regiment hinzu, dessen Angehörige aus den italienischen Provinzen stammten.

K.K. Chevaulégersregiment Nr. 1 (Kaiser Franz)

Rekrutierungsbezirk: Mähren. Reserveeskadron in der Brigade Starczinsky in Krakau (Division Meerveldt unter Hohenlohe-Ingelfingen). Marschierte mit Erzherzog Ferdinand nach Polen und hielt lange Zeit Warschau besetzt. Zwei Eskadrons waren an der Einnahme von Jedlinsko beteiligt.

2. Inhaber	GdK Heinrich Graf Bellegarde	
Depot	Gródek (Galizien), danach Gyöngyös (Ungarn)	
Oberst (Kommandeur)	Carl Graf Raigecourt	Baron Paul von Taxis
	Baron Thaddäus von Reischach (zweiter Oberst)	
Oberst-Lieutenant	Carl Graf Klebersberg	Vinzenz Graf Desfours
1. Major	Chevalier Simon Fitzgerald	
2. Major	Michael von Civrany	

Beim Ausmarsch war das Regiment acht Eskadrons (vier Divisionen) stark, insgesamt 1 280 Mann und 1 175 Pferde.

Vor der Schlacht bei Aspern bildete es in Polen einen Teil der Brigade GM von Branovatzky, Division Schauroth, später der Brigade Geringer, Division Donnersberg (VII. Korps). Im Juni bildeten zwei Eskadrons zusammen mit zwei Eskadrons Kaiser-Husaren (HR 1) das Streifkorps des Majors Graf Gatterburg.

K.K. Chevaulégersregiment Nr. 2 (Prinz Friedrich Xaver von Hohenzollern-Hechingen)

Rekrutierungsgebiete: Schlesien und Mähren, ab 1809 teilweise auch Böhmen. Reserveeskadron in der Brigade Daniel in Ödenburg unter Alvinczy.

Depot	Pécsvárad, danach Wels	
Oberst (Kommandeur)	Baron Leopold von Ludwigsdorff	Theophil von Zechmeister
	Theophil von Zechmeister (zweiter Oberst)	Franz von Müller (zweiter Oberst)
Oberst-Lieutenant	Matthias Löderer	Baron Adam von Walterskirchen
1. Major	Baron Adam von Walterskirchen	
2. Major	Anton Vinzenz Lachowski	
3. und 4. Majore	Baron Peter von Gasser	Nikolaus Henrion

Das Regiment war beim Ausmarsch 1 330 Chevaulégers und 1 185 Pferde stark und kämpfte im VIII. Korps in Italien. Drei Eskadrons dienten unter Chasteler in Tirol. Die 1. Majorsdivision und die 2. Eskadron standen in Dalmatien und nahmen an der Schlacht von Gospić (Gospitsch) teil. Die Obersten-Divisionen und die 2. Majorsdivision befanden sich unter dem Kommando des Regimentskommandeurs Baron von Ludwigsdorff, der bei einem Vorhutgefecht bei Rorai Grande in der Schlacht bei Pordenone schwer verwundet wurde. Die 2. Majorsdivision unter Major Lachowski kämpfte bei Sacile als Teil der Brigade GM von Wetzel. Sie wurde später zur Unterstützung Chastelers nach Tirol kommandiert und deckte seinen Rückzug nach Kärnten, wobei sie bei St. Veit und Klagenfurt ins Gefecht kam. Mitte Juni fand das Regiment in Pápa (Ungarn) wieder zusammen und war fortan Teil der Armee Erzherzog Johanns.

Teile der Tiroler Eskadrons kämpften an der Laditscher Brücke und bei Volano, später auch in Nordtirol. Eine halbe Eskadron kämpfte am 28. Mai am Berg Isel. Nach Chastelers Rückzug verblieb eine Eskadron in Südtirol und kämpfte bei Trient. Rittmeister Banizza war zugleich der dortige Bezirkskommandant.

Der Teil des Regiments, der nach Nordtirol entsandt worden war, rettete im Gefecht bei Murnau die Schützenkolonne unter Major Teimer vor der völligen Vernichtung. Die Eskadrons, die unter dem Kommando von Rittmeister Baron von Esch in Vorarlberg gedient hatten, wurden beim Versuch, sich über Bayern nach Böhmen durchzuschlagen, bei Neumarkt in der Oberpfalz gefangen genommen.

K.K. Chevaulégersregiment Nr. 3
(FML (später FM) Andreas Graf O'Reilly)

Rekrutierungsbezirke: Ober- und Niederösterreich, ab 1807 auch Böhmen. Reserveeskadron in der Brigade Ambschel in Wien (Division Anton Mittrowsky unter O'Reilly).

Depot	Wels	
Oberst (Kommandeur)	Baron Leopold von Rothkirch (zwischen Aspern und Wagram zum GM ernannt)	Simon von Sardagna
Oberst-Lieutenant	Simon von Sardagna	Johann Heinrich Graf Auersperg
1. Major	Caspar von Danzer (gefallen bei Aspern)	
2. Major	Johann Heinrich Graf Auersperg	Baron Georg von Wimpffen
3. und 4. Majore	Alois Haenke	Ernst Graf Haugwitz

Das Regiment marschierte mit 1 250 Mann und 1 105 Pferden aus. Vor der Schlacht bei Aspern bildete es jeweils einen Teil der Brigaden Provenchères, Ettingshausen und Legisfeld (Division Jellačič, VI. Korps Baron Hiller). Zunächst wurde es nach Salzburg in Marsch gesetzt. Der Vormarsch nach Bayern erfolgte unter Provenchères (3 Eskadrons) und Jellačič. Hierbei erhielt es den Auftrag, die bayerische Hauptstadt München zu besetzen. Nach den ersten Gefechten, die für die kaiserlichen Truppen unglücklich verliefen, zog sich das Regiment wieder auf Salzburg zurück. Am 28. April lieferte es sich bei Waging ein Gefecht mit bayerischer Reiterei unter General Preysing. Während des Rückzugs nach Tirol war das Regiment Teil der Nachhut, bis die Bergpässe erreicht waren. Diese Einsätze brachten ihm 20 Mann Verluste ein. Jellačič zog nun die übrig gebliebenen drei Züge der 1. Eskadron der Oberstendivision ab und entsandte sie zusammen mit der Gruppe Reissenfels und der Gruppe Taxis zum Korps Chasteler. Die übrigen sieben Eskadrons wurden zur Verstärkung des VI. Korps (Hiller) abkommandiert. Als jedoch die Nachricht von der Niederlage bei Ebelsberg eintraf, marschierten die O'Reilly-Chevaulégers zunächst nach Wiener-Neustadt und von dort zum Marchfeld. Die 2. Majorsdivision unter Graf Auersperg wurde zur Verstärkung des Pressburger Brückenkopfes entsandt.

Bei Aspern befand sich das nunmehr fünf Eskadron starke Regiment zunächst in der 1. Kolonne am rechten Flügel unter FML Baron Johann von Hiller (Div. Vincent, Brigade Provenchères); kurz darauf wurde es im Zentrum der 3. Kolonne unter Prinz Hohenzollern beigegeben. Am zweiten Tag der Schlacht erhielt Baron Rothkirch den Befehl, eine Kolonne mit sechs französischen Infanteriebataillonen anzugreifen, die sich im Anmarsch auf Aspern befanden. Nach der Schlacht betrugen die Verlustzahlen 19 Tote (darunter Major Caspar von Danzer) und 78 tote Pferde, 125 verwundete Chevaulégers und 79 verwundete Pferde sowie 13 vermisste Chevaulégers und 16 vermisste Pferde.

Zwischen Aspern und Wagram: Ende Juni kehrte das Pressburger Détachement zum Regiment zurück, welches, nunmehr sieben Eskadrons stark, dem Reservekorps unter Fürst Liechtenstein beigegeben wurde (Division FML Graf Nostitz, Brigade GM Graf Wartensleben). Der zum Generalmajor beförderte Rothkirch führte Nostitz' 2. Brigade.

Bei Wagram kämpften die O'Reilly-Chevaulégers am linken Flügel, ehe am 6. Juli um ein Uhr nachmittags der Rückzugsbefehl erfolgte. Die Verluste betrugen 50 Tote und 89 tote Pferde, 50 Chevaulégers und 19 Pferde wurden verwundet, 17 Mann, darunter Oberst von Sardagna, wurden gefangengenommen. Der Feind erbeutete 15 Pferde. 49 Mann und 34 Pferde blieben vermisst. Nach der Schlacht wurde die 1. Majorsdivision (Oberst-Lieutenant Heinrich von Auersperg) dem IV. Korps (Rosenberg) angegliedert. Das Regiment zog sich nach Mähren zurück und kam nicht mehr zum Einsatz.

K.K. Chevaulégersregiment Nr. 4
(GdK Baron Carl von Vincent)

Rekrutierungsbezirk: Niederösterreich. Es handelt sich um das Nachfolgeregiment des berühmten wallonischen Dragonerregiments des Grafen Latour (das Regiment rekrutierte sich vormals in den habsburgischen Niederlanden). Reserveeskadron in der Brigade Kerekes in Pressburg unter Alvinczy.

Depot	Gaja – St. Georgen – Pressburg – Rakonitz	
Oberst (Kommandeur)	Goswin de Fielandt	Ludwig Graf Ficquelmont
Oberst-Lieutenant	Adam Graf Ficquelmont (gefallen bei Aspern)	Baron Karl von Scheibler
1. Major	Baron Wenzel von Kapaun	
2. Major	August Graf Deflines de Tombes	
3. und 4. Majore	Johann von Lefèvre	Gabriel von Messmacre

Das Regiment war bei Ausmarsch 1 377 Chevaulégers und 1 184 Pferde stark und begann den Feldzug in der Division Hannibal Marquis de Sommariva, Brigade Neustädter, danach Brigade GM von Stutterheim (Avantgarde IV. Korps Rosenberg). In der Schlacht bei Teugn-Hausen standen vier Eskadrons in Stutterheims Avantgarde, eine Eskadron in der Brigade GM Josef von Grill. Zwei weitere Eskadrons dienten unter GM von Riese, eine weitere Eskadron bildete Teil des Détachements von Oberst Carl Steyrer von Edelberg. Bei Abensberg verblieben vier Eskadrons in der Brigade Stutterheim, während eine Division unter Rosenberg-Orsini im Ordonnanz- und Stabsdienst eingesetzt war. Eine weitere Division diente weiterhin unter Oberst Steyrer. Vor der Schlacht bei Eggmühl wurden diese verstreuten Eskadrons erneut zusammengefasst und davon vier Eskadrons der Brigade GM Neustädter unterstellt. Am Abend sammelte GM Stutterheim nach geschlagener Schlacht das Regiment erneut und stellte es auf den Höhen von Hagelstadt auf, um den allgemeinen Rückzug auf Regensburg zu decken.

Als GM Stutterheim den Anmarsch der französischen Kavallerie bemerkte, stellte er seine Brigade links von der bei Alt-Eglofsheim haltenden Kürassierbrigade Schneller auf. Die Vincent-Chevaulégers bildeten hinter dem gleichfalls zur Brigade gehörenden 3. Husarenregiment die zweite Linie. In der folgenden Reiterschlacht verlor das Regiment 23 tote Chevaulégers und 103 tote Pferde. 54 Chevaulégers und 33 Pferde wurden verwundet, 24 Chevaulégers gerieten in Gefangenschaft. Hinzu kamen 16 Vermisste und 76 vermisste Pferde. Das Regiment zog sich innerhalb der Division FML Prince de Rohan (IV. Korps) nach Böhmen zurück. Die Brigade Stutterheim wurde kurzfristig nach Freystadt, nördlich von Linz, abkommandiert, um von dort aus die Straße nach Budweis zu überwachen. Der ursprüngliche Befehl hatte gelautet, die Brücke nach Linz zu schützen, doch wurde diese kurzerhand von den Österreichern angezündet.

Vor der Schlacht bei Aspern bildete das Regiment innerhalb der Brigaden Stutterheim und Grätze während des Vormarsches von Böhmen aus die Avantgarde. In der Schlacht fielen zehn Chevaulégers und 63 Pferde wurden getötet. 80 Chevaulégers und 61 Pferde wurden verwundet. Unter den Verwundeten befand sich Graf Adam de Ficquelmont, der am 23. Mai seinen Verwundungen erlag.

Zwischen Aspern und Wagram wurde das Regiment der Division FML Siegenthal im II. Korps (Hohenzollern) unterstellt. Zusammen mit dem 2. Bataillon der Legion Erzherzog Karl und dem 8. Feldjägerbataillon bildete es die Brigade GM Ignaz von Hardegg. 61 Rekruten stießen von der Reserveeskadron zum Regiment. Während dieser Zeit operierten die Vincent-Chevaulégers in verschiedenen Streifkorps, u. a. unter Oberst Scheibler, der mit seiner verstärkten Division nach Mauthausen ritt, um die dortige Garnison zu entsetzen.

Bei Wagram stellte sich die Oberstendivision und die 1. Majorsdivision einer angreifenden französischen Kolonne entlang des Russbachs entgegen. Nach dem vergeblichen französischen Angriff auf Baumersdorf, welches von GM Hardegg gehalten wurde, verfolgten die Vincent-Chevaulégers den weichenden Gegner nach Raasdorf. Am zweiten Tag der Schlacht griffen die Franzosen erneut an. Ihrem starken Artilleriebeschuss musste die Brigade Hardegg schließlich weichen; das Regiment deckte den Rückzug. Die Verluste in der Schlacht bei Wagram beliefen sich auf 18 Tote und 122 tote Pferde sowie 47 Vermisste (vermutlich gefallen). 97 Chevaulégers und 62 Pferde wurden verwundet.

Nach Wagram verblieb das Regiment in der Brigade Hardegg (Division FML Ulm, II. Korps). Major Scheibler, der der Division Schustekh unterstellt gewesen war, kehrte mit seiner Division zu den übrigen sechs Eskadrons des Regiments zurück. An der Schlacht bei Znaim war es nur am Rande beteiligt.

K.K. Chevaulégersregiment Nr. 5
(GdK Johann Graf Klenau von Janowitz)

Rekrutierungsgebiet: Böhmen. Reserveeskadron in der Brigade Szénassy in Jaromir unter Riesch und Laudon.

Depot	Pardubitz	
Oberst (Kommandeur)	Joseph von Mayer	Baron Raban von Spiegel
Oberst-Lieutenant	Ferdinand Graf von Lippe (gefallen bei Aspern)	Johann von Kopp
1. Major	Johann von Kopp	Ludwig Durand
2. Major	Baron von Taxis	
3. und 4. Majore	Dominik Graf Stürgkh	Baron Carl von Tettenborn

Das Regiment begann den Feldzug mit 1 359 Mann und 1 200 Pferden (Stärkemeldung am 1. April: 1 071 bzw. 871).

Es war Teil der Brigade Baron Peter von Vécsey (IV. Korps Rosenberg), doch wurden mehrere Eskadrons dem III. Korps (Hohenzollern) unterstellt. Bei Eggmühl standen vier Eskadrons unter Vécsey am rechten Flügel, während weitere vier Eskadrons unter Liechtensteins Kommando in Reserve verblieben. Es nahm am 23. April am großen Reitergefecht bei Regensburg teil und verlor 87 Gefallene und 107 tote Pferde. 35 Chevaulégers wurden verwundet, 41 Pferde wurden verletzt. 23 Mann und 80 Pferde blieben vermisst. Im Anschluss an den Rückzug kam die Brigade Vécsey zur Division FML Franz Weber von Treuenfels im Korps Hohenzollern (nunmehr II. Korps).

Bei Aspern war es an den Attacken gegen das Dorf Essling beteiligt. Es verlor 24 Gefallene und 44 tote Pferde sowie 89 Verwundete und 91 verletzte Pferde, 13 Chevaulégers und 43 Pferde blieben vermisst.

Bei Wagram befanden sich die Klenau-Chevaulégers in der Brigade Stutterheim, Division Fresnel, I. Korps (Bellegarde). Das Regiment bildete die Nachhut des I. Korps und verlor 45 Tote, 45 Verwundete, 17 Vermisste und insgesamt 80 Pferde.

Das Regiment zog sich nach Znaim zurück, wo fünf Eskadrons im Zentrum bei Brenditz die schweren österreichischen Batterien schützten, weitere drei Eskadrons standen auf Vorposten. Im zähen Kampf verloren die Klenau-Chevaulégers 15 Mann und 35 Pferde.

K.K. Chevaulégersregiment Nr. 6
(GdK Franz Fürst Rosenberg-Orsini)

Die Rosenberg-Chevaulégers waren seit ihrer Entstehung ein außergewöhnliches Regiment. Das Regiment wurde im April 1798 aus den jeweils ausgegliederten 4. (Chevaulégers-) Divisionen der Coburg- und Latour-Dragoner[12] sowie der aus französischen Exilanten gebildeten Division der Bercsényi-Husaren gebildet. Bei seiner Errichtung im Lager von Engfurt (Bayern), erhielt es die Bezeichnung K.K. Leichtes Dragonerregiment Nr. 13, um dann offiziell in K.K. (Neues) Dragonerregiment Nr. 2 umbenannt zu werden. Im Jahr 1802 wurde es in ein Chevaulégersregiment umgewandelt und erhielt die Stammnummer 6. Zuvor hatte es die Oberstdivision der zuvor aufgelösten Coburg-Dragoner aufgenommen. Um an seine ursprüngliche Zugehörigkeit zur Dragonerwaffe zu erinnern, behielt es die weißen Röcke.

Rekrutierungsgebiet: Böhmen. Reserveeskadron in der Brigade Kinsky in Prag unter Riesch und Laudon.

Depot	Brandeis – Klattau (Böhmen)	
Oberst (Kommandeur)	Joseph Graf Chotek (gefallen bei Wagram)	Chevalier Carl de Latuillerie
Oberst-Lieutenant	Chevalier Carl de Latuillerie	Ehrenreich Graf Wurmbrandt
1. Major	Baron Carl von Scheibler	Eugen Graf D'Ambly
2. Major	Chevalier Jakob Sück	Johann Claudius von Claudenburg
3. und 4. Majore	Eugen Graf D'Ambly	Wenzel Fürst Liechtenstein

Das Regiment trat den Feldzug mit einer Stärke von 1 380 Mann und 1 223 Pferden im VI. Korps unter Baron Hiller an (acht Eskadrons in vier Divisionen). Es stand zunächst mit fünf Eskadrons bei Mainburg unter dem Kommando des Stabschefs (Chef d'État-Major) Oberst Markus Csollich. Eine Eskadron stand am linken österreichischen Flügel beim Détachement Scheibler, welches nach Moosburg entsandt wurde, außedem verblieben zwei Eskadrons in Reserve. Während der Gefechte um Abensberg dienten zwei Eskadrons unter Major von Scheibler, eine Eskadron bildete Teil der Avantgarde-Brigade GM Armand von Nordmann

12 Das Dragonerregiment Coburg (Nr. 6) wurde 1802 aufgelöst. Das Regiment Latour trug die Nummer 14.

(Division Vincent, VI. Korps). Weitere vier Eskadrons befanden sich bei der Hauptkolonne (Brigade GM Baron Carl von Vincent, Division FML Baron Friedrich von Kottulinsky), eine weitere Eskadron befand sich innerhalb derselben Division in der Brigade Hoffmeister. Bei Landshut sammelte sich das Regiment wieder und sicherte im Verband den Rückzug über die Isar. Bei Ergolding stellte es sich den nachstoßenden Franzosen entgegen. Nachdem es den Chevaulégers gelungen war, nach tapferer Gegenwehr den gegnerischen Vormarsch zu verlangsamen, zogen sie sich über die Landshuter Brücken zurück. Am 2. Mai lieferte sich das Regiment ein weiteres Rückzugsgefecht mit französischen und bayerischen Truppen, um dann nach wie vor als Teil der Division Vincent bei Ebelsberg den Rückzug der österreichischen Armee über die Traun zu decken.

Danach wurde es der Kavallerie-Reservebrigade des GM de Provenchères angegliedert, der mit den O'Reilly-Chevaulégers von München herangerückt war (II. Reservekorps FML Michael von Kienmayer). Die zwei Eskadrons unter Major von Scheibler sicherten die Straße von Schärding nach Linz.

In der Schlacht bei Aspern befand sich das Regiment in der 1. Kolonne am linken Flügel unter FML Baron Hiller. Es ritt auf Enzersdorf vor und griff das von den Franzosen besetzte Essling an. Die 2. Majorsdivision unter Chevalier Sück bildete die Angriffsspitze der Vorhut der 5. Kolonne. Am zweiten Tag der Schlacht nahm das Regiment, nunmehr dem IV. Korps (Rosenberg) angegliedert, an den Gefechten zwischen Enzersdorf und Essling teil. Es verlor acht Tote und 23 tote Pferde sowie 42 Verwundete und 40 verwundete Pferde. Nach der Schlacht wurde die Hälfte des Regiments der Brigade Neustädter (Division Dedovich, IV. Korps), die andere Hälfte der Brigade Stutterheim (Division Rohan, IV. Korps) angegliedert.

Bei Wagram stand das Regiment im Reservekorps Liechtenstein (Division FML Fürst Schwarzenberg, Brigade GM Theumern von Neckersfeld). Zusammen mit den Reitern der Division Nostitz kämpfte es bei Glinzendorf. Am zweiten Tag der Schlacht verteidigte es die österreichischen Batterien bei Aderklaa.

Nach der Schlacht bei Wagram zog es sich, nunmehr als Teil der Brigade Rothkirch (Division Nostitz, Reservekorps), bis hinter Znaim zurück.

Zeitgenössisches Monturschema für die österreichische Kavallerie, Artillerie und technischen Truppen.

Ulan, 1805 (Ottenfeld)

ULANEN[13]

Bei den Ulanen (aus dem Polnischen *Ułan*) handelte es sich formal um leichte Reiterei, die mit Lanze, Säbel und Pistolen bewaffnet war. Ihre Anfänge hatten sie in Polen und Ruthenien, wo sie in den weiten Ebenen überraschende Überfälle verübten. Diese Gebiete der Habsburgermonarchie wurden zum traditionellen Rekrutierungsgebiet der österreichischen Ulanenregimenter. In Anlehnung an ihre polnischen Ursprünge trugen die Ulanen eine zweireihig geknöpfte Jacke, Kurtka genannt, mit einem farbigen Plastron. In allen Regimentern war die Farbe der Kurtka dunkelgrün, Plastron und Aufschläge waren rot. Um die Hüfte wurde eine schwarz-gelbe Schärpe gelegt, als Kopfbedeckung diente die Tschapka, die typisch polnische Mütze mit viereckigem Deckel (später wurde auch die sogenannte Tatarka[14] getragen, eine mit Pelzrand versehene Mütze, die ebenfalls polnischen Ursprungs war). Die unterschiedliche Färbung der Mützenoberteile diente zur Unterscheidung der Regimenter. Die kurzen Sporenstiefel wurden in Anlehnung an die polnische Sprache Topanken, die Patronentaschen Ladownica genannt. Die Ulanen trugen mit schwarzem Leder verstärkte grüne Hosen mit roter Biese. Im Feld wurden graue Überhosen getragen.

Die Hauptwaffe der Ulanen, die Lanze, hatte unterhalb der Spitze ein zweigeteiltes Fähnchen in den kaiserlichen Farben Schwarz und Gelb, deren Hauptzweck es war, die gegnerischen Pferde scheu zu machen. Zusätzlich wurde ein Säbel und zwei Reiterpistolen geführt. Jede Ulaneneskadron hatte zudem acht Mann, die mit Karabinern oder gezogenen Büchsen bewaffnet waren.

Im Jahr 1809 verfügte Österreich über drei Regimenter Ulanen, jedes zu acht Eskadronen mit insgesamt 1 479 Mann und 1 414 Pferden. In einem Ulanenregiment zu vier Divisionen waren die beiden Zentrumsdivisionen mit Lanzen, die Flügeldivisionen mit Karabinern bewaffnet.

K.K. Galizisches Ulanenregiment Nr. 1
(GdK Maximilian Graf Merveldt)

Rekrutierungsgebiet: Galizien. Reserveeskadron in Pisek, Division Richter unter Riesch und Laudon.

Depot	Klattau (Klatowice) - Pardubitz	
Oberst (Kommandeur)	Baron Joseph Bogdan von Sturmbruck	Baron Ludwig von Wilgenheim
Oberst-Lieutenant	Emmanuel Mensdorff Graf Pouilly	
1. Major	Franz Zarczinski	Johann Haim von Haimhofen
2. Major	Alfred Fürst zu Windischgrätz	
3. Major	Baron Ludwig von Malowetz (gefallen bei Regensburg am 21. April 1809)	

Das Regiment begann den Feldzug mit 1 361 Mann und 1 185 Pferden. Es bildete einen Teil des II. Korps (Kolowrat) und kämpfte bei Ursensollen-Amberg. Drei Eskadrons standen in der Avantgarde Klenaus, weitere 3 ¾ Eskadrons dienten in der gleichen Formation in der Brigade Crenneville. Ein Zug nahm in der Brigade GM Johann von Richter an der Blockade der Festung Oberhaus teil. Bei Eggmühl standen zwei Eskadrons unter Crenneville bei Hemau. Mit Ausnahme eines Zuges, der unter Oberst-Lieutenant Wilhelm von Feuchtersleben eine Batterie Feldartillerie deckte, kämpfte der Rest des Regiments in der Division Klenau. Teile des Regiments waren am 21. April an den Gefechten rund um Regensburg und später bei Stadt am Hof beteiligt. Sechs Eskadrons wurden danach der Division Sommariva unterstellt und in der Folge auf mehrere Verbände aufgeteilt. Die 1. Majorsdivision (von Haimhofen) wurde zur Überwachung der sächsischen Grenze abgeordnet. Eine Eskadron kämpfte in der Brigade Radivojevich, eine weitere in der Brigade Am Ende. Im Juli kämpften die abgeordneten Ulanen bei Gefrees (Nürnberg) gegen sächsische Truppen.

Vor der Schlacht bei Aspern: Manche Quellen geben an, dass eine Eskadron in der Brigade Radetzky bei Ebelsberg diente (VI. Korps). Bei Urfahr stellte sich

13 Im Tatarischen (aus der Familie der Turksprachen) bezeichnet das Wort „oglan“ bzw. „uhuan“ so etwas wie einen tapferen Krieger oder einen jungen Mann. In der Zeit der polnisch-litauischen Union war Ułan ein gängiger Familienname tatarischer Adelsfamilien, deren männliche Mitglieder seit dem 15. Jahrhundert den polnischen Königen als leichte Reiterei dienten. Ein gewisser Oberst Aleksander Ułan etwa diente als Oberst der leichten Reiterei gleich zwei Königen von Sachsen-Polen, nämlich August II. (dem „Starken“, auf Polnisch: August Mocny) und August III. Nach Ułans Tod erhielt sein Regiment den Spitznamen „Ułanowe dzieci“ („Ułans Jungs“) bzw. „Ułanowe wojsko“ („Ułans Heer“); später wurden sie nur noch „Ułani“ gerufen. Bis zum Jahr 1764 erhielten sämtliche tatarischen Kavallerieregimenter im sächsisch-polnischen Heer die offizielle Bezeichnung Ulanen (Uhlanen bzw. Ułani).

14 *Czapka* (deutsch auch Tschapka; polnische Mehrzahl: czapki) bezeichnet auf Polnisch eine Mütze, allerdings verbinden die meisten Menschen mit dem Begriff die typische Kopfbedeckung der polnischen Kavallerie im 19. und frühen 20. Jahrhundert. Es handelte sich hierbei um eine hohe, mit Leder verstärkte Mütze mit viereckigem Mützendeckel aus Tuch, die mit Metallabzeichen, Federbüschen und Schnurbehang verziert war. Die vollständige polnische Bezeichnung für diese Kopfbedeckung lautet czapka rogatywka; ihr Vorläufer wurde konfederatka genannt. Nach der ersten polnischen Teilung folgte 1784 die Einführung der Tschapka als Kopfbedeckung der galizischen Ulanenregimenter in der österreichischen Armee.

eine halbe Eskadron im Détachement Oberst-Lieutenant Georg von Suden am Pöstlingberg auf (Division Sommariva), eine weitere halbe Eskadron diente im Détachement des Obersten Ignaz von Leuthner. Vier Eskadrons bildeten einen Teil der Brigade GM Comte Carl de Crenneville (Kolonne Vukassovich). Je eine halbe Eskadron stand jeweils im Détachement Emerich Zaborsky de Zabora und im VI. Korps (Radetzky).

An der Schlacht bei Aspern nahm das Regiment nicht teil, sondern blieb unter Sommariva auf dem linken Donauufer. Von dort aus unternahm es mehrere Überfälle auf die rückwärtigen französischen Verbindungs- und Nachschublinien.

Nach der verlorenen Schlacht bei Wagram erhielt Marquis de Sommariva am 12. Juli den Befehl zum Rückzug nach Böhmen, wo der Feldzug für das Regiment endete.

K.K. Galizisches Ulanenregiment Nr. 2 (FM Fürst Carl Philipp zu Schwarzenberg)

Rekrutierungsgebiet: Westliches Galizien. Reserveeskadron in der Brigade Ullrich in Elbogen, Division Kinsky unter Riesch und Laudon.

Oberst (Kommandeur)	Ignaz Graf Hardegg		Carl Schmuttermayer
	Friedrich Graf Schlottheim (zweiter Oberst)		
Oberst-Lieutenant	Carl Schmuttermayer	Matthias Steyerer von Edelsberg	Baron Johann von Metzger
1. Major	Matthias Steyerer von Edelsberg		Bartholomäus Graf Alberti
2. Major	Baron Johann von Metzger		Baron Carl von Mengen
3. Major	Johann Graf Wratislaw		

Das Regiment war beim Ausmarsch 1 143 Mann und 1 400 Pferde stark. Es begann den Feldzug im I. Korps (Bellegarde). Vier Eskadrons dienten in der Brigade des Regimentskommandeurs Oberst Hardegg (Div. Fresnel) und zwei Eskadrons in der Brigade Nostitz. Eine Eskadron wurde innerhalb der Brigade Am Ende an die sächsische Grenze entsandt, eine weitere Eskadron war im Détachement des GM Oberndorf bei Töpl und Karlsbad. Am 14. April kämpften die beiden Eskadrons der Brigade Nostitz im Gefecht bei Ursensollen. Am 19. April nahmen die vier Eskadronen Hardeggs an der Besetzung von Berching teil. Nach dem Rückzug nach Böhmen, fand das Regiment innerhalb der Avantgarde-Division FML Johann Graf Klenau (I. Korps) wieder zusammen.

Bei Aspern bildete Klenaus Verband die Avantgarde des IV. Korps. Am Vorabend der Schlacht (20. Mai) lieferte es sich ein schweres Gefecht mit dem Gegner und kämpfte an beiden Tagen der Schlacht. Es erlitt an Verlusten neun Tote und 30 tote Pferde, 39 Verwundete sowie drei Mann und 24 Pferde als vermisst.

Bei Wagram standen sechs Eskadrons unter Oberst Schmuttermayer im III. Korps (Kolowrat). Es deckte am zweiten Tag der Schlacht bei Stammersdorf den Rückzug der Infanterie.

Nach Wagram marschierten die Schwarzenberg-Ulanen mit der Brigade Rothkirch (Division Nostitz) nach Znaim (manche Quellen geben, wie schon bei Wagram, die Brigade Schneller an). Hierbei lieferte es sich Rückzugsgefechte mit der nachdrängenden Avantgarde von General Grouchy. Am 11. Juli schlugen sie bei Budwitz ihr Lager auf.

K.K. Galizisches Ulanenregiment Nr. 3 (Generalissimus Erzherzog Karl)

Rekrutierungsgebiet: Galizien. Reserveeskadron in der Brigade Dunoyer in Ungarisch Hradisch, Division St. Julien unter Argenteau.

Depot	St. Georgen (Ungarn) – Gaja (Mähren)		
2. Inhaber	FML Philipp Graf Grünne		
Oberst (Kommandeur)	Johann Graf Klebelsberg		Heinrich Graf Hardegg
Oberst-Lieutenant	Heinrich Graf Hardegg	Baron Ludwig von Wilgenheim	Carl von Gorczkowski
1. Major	Baron Ludwig von Wilgenheim		
2. Major	Carl von Gorczkowski		
3. Major	Franz Graf Coudenhowe		Baron Wilhelm von Mengen

Das Regiment trat den Feldzug vom Innviertel aus als Teil der Brigade GM Radetzky (Division Schustekh) im V. Korps (Erzherzog Ludwig) mit 1 331 Mann und 1 199 Pferden an.

Zwei Eskadrons überquerten mit Radetzkys Vorhut die bayerische Grenze und kämpften am 16. April bei Landshut. Die übrigen sechs Eskadrons waren Teil der Brigade GM Baron Josef Mesko de Felsö-Kubiny (Division Schustekh). Beide Brigaden kämpften bei Abensberg, wo es ihnen gelang, sich der Verfolgung durch den Gegner zu entziehen. Das Regiment sammelte sich unter Radetzky und bildete die Nachhut des sich zurückziehenden V. Korps.

Im Gefecht bei Neumarkt bildete die Brigade Radetzky die Avantgarde des rechten österreichischen Flügels. Bei Ebelsberg bildete das Regiment unter Schustekh und Vincent wiederum die Nachhut. Während des darauffolgenden Rückzugs erhielt die 1. Majorsdivision den Auftrag, die sich zurückziehende Brigade Mesko zu decken und lieferte sich in den folgenden Tagen mehrere Gefechte mit französischen Husaren und Chasseurs à cheval. Das größte Gefecht ereignete sich bei Ybbs, wo vier Eskadronen unter dem Kommando des Grafen Klebelsberg in das Kampfgeschehen eingriffen. Das Regiment verlor 63 Tote, 31 Verwundete und 96 Gefangene. 53 Pferde starben und 44 wurden verwundet. Radetzky marschierte nach Mautern, überquerte die dortige Brücke und machte sich daran, das Donauufer zwischen Stockerau und Tulln zu besetzen.

Bei Aspern stand die Brigade Radetzky bei Gaspoltshofen. Die Erzherzog Karl-Ulanen blieben in Stockerau und nahmen nicht an der Schlacht teil.

Bei Wagram hielt das V. Korps (Reuss-Plauen) das Donauufer, den Bisamberg und die Insel Schwarze Laken. Nur die Oberstendivision war indirekt an der Schlacht beteiligt (Gefecht bei Stammersdorf). Das Regiment nahm an den Rückzugsgefechten bei Schöngraben und Hollabrunn teil und zeichnete sich besonders bei Znaim aus. Der Regimentskommandeur Oberst Hardegg erhielt den Militär-Maria-Theresien-Orden. GM Klebelsberg, mittlerweile zum Brigadekommandeur ernannt, führte sieben Eskadrons seines ehemaligen Regiments innerhalb der Division Weissenwolf bis hinter Znaim in die Reserve.

Ulanenregiment Nr. 1 (Maximilian Graf Merveldt)

Ulanenregiment Nr. 2 (Fürst Carl Philipp zu Schwarzenberg)

Ulanenregiment Nr. 3 (Erzherzog Karl)

Uniformen der K.K. Ulanenregimenter 1 bis 3

Tschapka eines Wachtmeisters im Ulanenregiment Nr. 1 um 1806
Original befindet sich im Heeresgeschichtlichen Museum Wien, Fotografie Markus Stein.

Ulan

Tafel aus der Serie „Abbildung der Neuen Adjustirung der K.K. Armee“ von Tranquillo Mollo, erschienen um 1798.

Husarenregiment Nr. 1
(Kaiser Franz)

Husarenregiment Nr. 2
(Erzherzog Joseph Anton)

Husarenregiment Nr. 3
(Erzherzog Ferdinand Carl)

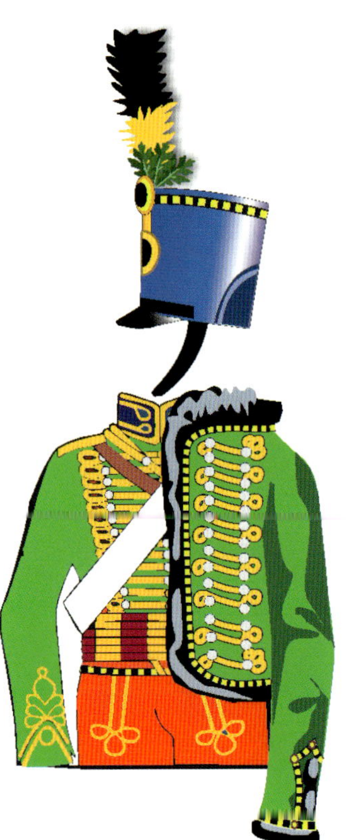

Husarenregiment Nr. 4
(Hessen-Homburg)

Husarenregiment Nr. 5
(Carl Ott von Bátorkész)

Husarenregiment Nr. 6
(Ernst von Blankenstein)

Uniformen der Husarenregimenter 1 – 6

RATJA![15] DIE UNGARISCHEN HUSAREN

In seinem hervorragenden Werk zum Thema leitet David Hollins[16] das Wort „Husar" vom lateinischen „Cursarius" ab, was frei übersetzt „Räuber" bedeutet. Zahlreiche andere Quellen leiten das Wort hingegen von „húsz" ab, dem ungarischen Wort für die Zahl 20. Das ungarische Feudalsystem sah vor, dass mindestens 20 Männer aus jedem Dorf dem Ruf des Grundherrn als Kavalleristen Folge zu leisten hatten. Das ungarische Sprichwort, wonach ein Husar 20 Kämpfer aufwiege, scheint diese Interpretation zu bestätigen – ein Husar war also einer von 20 Rekruten des dörflichen Aufgebotes.

Rekruten sollten nicht jünger als 18, jedoch nicht älter als 30 Jahre sein, da erstere als zu schwach für den Soldatenberuf erachtet wurden, letztere jedoch bereits als zu unbeweglich und steif in den Gliedmaßen. Graues Haar galt als Ausschlusskriterium. Sie sollten eine Mindestgröße von fünf Fuß und vier Zoll haben (etwa, 1,68 m). Die Vorgabe, dass im bäuerlich geprägten Ungarn stets genügend Männer für die Feldarbeit zur Verfügung stehen mussten, machte die Rekrutierung oft zu einem schwierigen Unterfangen.

Freiwillige verpflichteten sich zu einer Dienstzeit von zwei bis drei Jahren, im Kriegsfall dienten sie bis zum Friedensschluss. Ansonsten wurde im Zuge der Reformen von 1802 die maximale Dienstzeit in den regulären Kavallerieregimentern auf zwölf Jahre festgelegt. 1811 wurde die Zeit auf 14 Jahre erhöht. Rekruten erhielten ein Handgeld von fünf Dukaten (46 Gulden) bzw. zwei Dukaten, wenn sie aus anderen Kavallerieregimentern zu den Husaren wechselten.

Im Jahr 1809 waren die Kürassierregimenter je drei Divisionen mit insgesamt sechs Eskadrons stark, während die leichten Kavallerieregimenter über vier Divisionen mit insgesamt acht Eskadrons verfügten. Jede Eskadron war auf dem Papier 149 Pferde stark, sodass eine Division 298 und ein Regiment 1 192 Pferde stark war. Einige Husarenregimenter stellten darüber hinaus eine weitere Division aus zwei Eskadrons auf, für deren Kosten gut betuchte ungarische Magnaten aufkamen. Diese Divisionen wurden allerdings bei Kriegsbeginn entweder in den regulären Eskadrons „untergesteckt" oder zur Verstärkung der Insurrektionshusaren aufgeboten. Im Jahr 1809 gab es zwölf Husarenregimenter.

Nr.	Inhaber[17]	Tschako	Dolman/Pelz	Knöpfe	Hosen
1	Kaiser Franz	Schwarz	Dunkelblau	Gelb	Dunkelblau
2	Erzherzog Joseph	Scharlachrot	Hellblau	Gelb	Hellblau
3	Erzherzog Ferdinand Carl D'Este	Grau	Dunkelblau	Gelb	Dunkelblau
4	Vécsey - Hessen-Homburg	Hellblau	Pappelgrün	Weiß	Rot
5	[*Vakant*] - Baron Ott	Scharlachrot	Dunkelgrün	Weiß	Karminrot
6	Blankenstein	Schwarz	Hellblau	Gelb	Hellblau
7	[*Vakant*] - Liechtenstein	Grün	Hellblau	Weiß	Hellblau
8	Wurmser - Nauendorff - Kienmayer	Schwarz	Pappelgrün	Gelb	Rot
9	Erdödy - Frimont	Schwarz	Dunkelgrün	Gelb	Karminrot
10	Mészáros - Stipsicz	Grün	Hellblau	Gelb	Hellblau
11	Szekler Grenzhusarenregiment	Schwarz	Dunkelblau	Weiß	Dunkelblau
12	Slawonisches Grenzhusarenregiment (1801) - Palatinalhusaren (1802)	Schwarz	Mittelgrau	Weiß	Mittelgrau

15 *Ratja:* Schlachtruf der Husaren („Attacke!").

16 Hollins, David: Hungarian Hussar 1756-1815 (Illustrationen: Darko Pavlovic), Osprey Warrior-Serie 2003

17 Bei Wechseln während der Zeit seit 1792 werden mehrere Inhaber aufgeführt

Die Inhaber der K.K. Husarenregimenter von 1792 – 1815

Blankenstein, Ernst Graf von		HR 16 1791/98	HR 6 1799/1814		
Erdödy de Manyorókorek, Johann Nepomuk	HR 9 1783/89	HR 11 1789/98	HR 9 1798/1806		
Erzherzog Ferdinand Carl D'Este		HR 32 1794/98	HR 3 1798/1850		
Erzherzog Joseph Anton, Palatin von Ungarn		HR 17 1795/98	HR 2 1798/1847		
Erzherzog Leopold Alexander, Palatin von Ungarn	HR 15 1784/89	HR 17 1789/95			
Frimont von Palota, Johann Graf von, Fürst von Antrodoco					HR 9 1806/32
Hessen-Homburg, Friedrich Erbprinz von (ab 1820 Landgraf)					HR 4 1803/29
Kaiser Franz II. (I.)	HR 2 1792/98	HR 1 1798/1835			
Kienmayer, Michael Freiherr von					HR 8 1802/28
Liechtenstein, Fürst Johannes von					HR 7 1801/36
Mészáros, Freiherr Johann von (ab 1797)		HR 35 1797/98	HR 10 1798/1802		
Nauendorf, Friedrich August Graf von			HR 8 1799/1802		
Ott von Bátorkész, Carl Freiherr				HR 5 1801/09	
Palatinal-Husaren (Erzherzog Joseph Anton, Palatin von Ungarn 1800–1847)				HR 1800/02	HR 12 1802/47
Radetzky von Radetz, Joseph					HR 5 1809/14
Stipsicz von Ternova, Joseph Freiherr				HR 10 1802/14	
Vécsey von Hajnácskeö, Siegbert Freiherr		HR 34 1791/98	HR 4 1798/1803		
Wurmser, Dagobert Siegmund Graf von	HR 30 1775/80	HR 24 1780/89	HR 30 1789/98	HR 8 1798/99	

Husar, 1806 (Ottenfeld)

K.K. Husarenregiment Nr. 1
(Kaiser Franz I.)

Rekrutierungsbezirk des IR 32 (Alt-Ofen/Budapest). Reserveeskadron in der Brigade Kerekes in Pressburg unter Alvinczy.

Depot	Siedlec – Troppau	
2. Inhaber	GM Baron Sigmund de Szent-Kereszty	
Oberst (Kommandeur)	Adam Graf Neipperg	Baron Anton Horváth de Szentgyörgy
	Ignaz Graf Guadagni (zweiter Oberst)	
Oberst-Lieutenant	Johann Graf Maggi	
1. Major	Josef Graf Gatterburg	
2. Major	Friedrich Graf Hoditz (versetzt zu HR 12)	
3. Major	Georg Mocséry	Jakob Derra

Das Regiment trat den Feldzug mit 1 262 Husaren und 1 176 Pferden an. Es gehörte dem VII. Korps unter Erzherzog Ferdinand an (Brigade Branovatzky, Division Schauroth, später Avantgarde der Brigade Mohr). Das Regiment kämpfte oft in mehreren autonomen Verbänden gleichzeitig. Am 25. April kämpften Kaiser-Husaren bei Grochow, im Mai befand sich das Regiment wieder in der Brigade Schauroth. Am 9. Juni nahm es am Reitergefecht bei Tuszow teil und kämpfte kurz darauf entlang der Straße nach Jedlinsko.

K.K. Husarenregiment Nr. 2
(Erzherzog Joseph Anton, Palatin von Ungarn)

Rekrutierungsgebiet: Siebenbürgen. Reserveeskadron in der Brigade Daniel in Ödenburg/Sopron unter Alvinczy.

Depot	Reps – Nagy Enyed	
2. Inhaber	FML Baron Daniel de Mecséry	
Oberst (Kommandeur)	Baron Ignaz Splényi de Miháldy (vor Wagram)	Baron Leopold Geramb (1814 GM)
	Johann von Lipsky (zweiter Oberst)	
Oberst-Lieutenant	Georg Graf Preidt	Baron Leopold Geramb
1. Major	Baron Leopold Geramb	
2. Major	Stephan Graf Wesselényi	
3. Major	Johann Graff	Emerich von Turcsany

Das Regiment war bei Ausmarsch 1 104 Husaren und 1 011 Pferde stark. Es bildete einen Teil der Armee Innerösterreichs (Brigade Splényi, Kavalleriedivision FML Wolfskehl, IX. Korps Gyulai). In der Schlacht bei Pordenone besetzte es die Hauptstraße zwischen Roral Grande und Talponedo. Während der Schlacht bei Sacile (Fontanafredda) verstärkten sechs Eskadrons unter GM Splényi den linken österreichischen Flügel bei Porzia, zwei Eskadrons standen im Détachement des Oberst-Lieutenants Volkmann hinter dem rechten Flügel.

Nach dem Vorstoß auf Verona bildete das Regiment innerhalb der Brigade Bésán (Division Frimont, VIII. Korps) die Nachhut der Armee Innerösterreichs. Zwei Eskadrons wurden zur Unterstützung des Détachements des Oberst-Lieutenants Cullenbach entsandt, welches gegen die Franzosen unter Durutte kämpfte. Die übrigen sechs Eskadrons des Regiments standen entlang der Linie zwischen Sala di Campagna und Trivignano. Der Angriff der französischen Kavalleriedivision Pully wurde abgeschlagen.

Nach der Schlacht an der Piave am 8. Mai wurden zwei Eskadrons mit der Brigade Kálnassy zur Bedeckung der linken österreichischen Flanke bei Cimadolmo entsandt. Am 11. Mai kam das Regiment bei Cisterna ins Gefecht.

Am 12. Juni kämpfte das Regiment bei Csának in Ungarn. In der Schlacht bei Raab operierte es unter seinem neuen Kommandeur Baron von Geramb im Verband mit den Insurrektionshusaren (Division FML Mecséry von Tsoor, Brigade GM Andrássy) und dem 5. Husarenregiment. Anschließend bildete es bis zum Waffenstillstand wiederum einen Teil der Brigade Bésán in der Division Frimont (VIII. Korps).

K.K. Husarenregiment Nr. 3
(Erzherzog Ferdinand Carl D'Este)

Rekrutierungsgebiet: Bezirk Ofen (Budapest). Reserveeskadron in der Brigade Pietsch in Troppau, Division St. Julien unter Argenteau.

Depot	Troppau (Mähren) – Sáros-Patak	
2. Inhaber	GdK Chevalier Rudolf von Otto	
Oberst (Kommandeur)	Baron Peter Vécsey de Hajnácskeö (GM 1809)	Prinz Ferdinand zu Sachsen-Coburg
Oberst-Lieutenant	Joszef de Gösztonyi	
1. Major	Leonhard von Röhrig	
2. Major	Joseph Devay	
3. Major	Emmerich Béöczy	András Bartos

Das Regiment trat den Feldzug in der Brigade Moritz Liechtenstein, Division Vukassovich, III. Korps (Hohenzollern) an; es war 1 234 Husaren und 1 171 Pferde stark.

Am 18. April kämpfte es siegreich bei Neu-Eglofsheim. Bei Teugn-Hausen wurden zwei Eskadrons der Brigade Kaiser (Div. Vukassovich) unterstellt, welche ihrerseits der Brigade GM Josef von Bieber zugeteilt wurde (Division St. Julien). Bei Eggmühl bildete eine Abteilung des Regiments das Détachement Prinz zu Coburg, was dem Regiment während der Schlacht den Spitznamen „Coburg-Husaren" eintrug. Weitere vier Eskadrons befanden sich zu dieser Zeit dauerhaft in der Brigade Moritz Liechtenstein. Die Division unter GM von Bieber nahm am abendlichen Gefecht bei Alt-Eglofsheim teil. Beim anschließenden Rückzug bildete das Regiment innerhalb der Division Vukassovich die Nachhut (Brigade Pfanzelter). Im Mai wurden die Erzherzog-Ferdinand-Husaren zur Division FML Prinz de Rohan abgeordnet (Brigade Stutterheim) und nach Freystadt, nördlich von Linz, entsandt, um dort die Hauptstraße nach Budweis zu überwachen.

Bei Aspern befand sich das Regiment mit einer Stärke von nurmehr 821 Husaren in derselben Division und bildete einen Teil der Kolonne des IV. Korps (Rosenberg). Es war auf die Brigaden GM Baron Stutterheim und Grätze aufgeteilt und schützte während des Angriffs auf Essling die linke österreichische Flanke. Es erlitt an Verlusten sieben Tote und 33 tote Pferde , außerdem 56 Verwundete und 48 verwundete Pferde. Ein Husar wurde gefangen genommen.

Bei Wagram bildete das Regiment erneut einen Teil des IV. Korps, nachdem es vorher kurzfristig in der Kavalleriereserve der Division FML Graf Nostitz gewesen war. Es wurde als Teil der Division FML Radetzky innerhalb der leichten Brigade GM Dollmayer de Provenchères auf den Anhöhen bei Markgrafneusiedl am linken österreichischen Flügel aufgestellt. Die Verluste zwischen dem 29. Juni und dem 11. Juli waren hoch: 107 Husaren und 192 Pferde waren entweder tot oder verwundet worden.

Nach der Schlacht bei Wagram verblieb es in der Brigade Radetzky (IV. Korps) und nahm nicht an der Schlacht bei Znaim teil. Ende Juli 1809 verfügte das Regiment lediglich noch über 377 Pferde, gerade genug, um zwei einsatzfähige Eskadrons auszustatten.

K.K. Husarenregiment Nr. 4
(Friedrich Erbprinz zu Hessen-Homburg)

Rekrutierungsbezirk: Pécs (Fünfkirchen). Reserveeskadron innerhalb der Brigade Kerekes in Pressburg unter Alvinczy.

Depot		Konskie – Zolkiew
Oberst (Kommandeur)	Severin von Kisielewsky (gef. am 6. Juli bei Wagram)	Gustav Prinz von Hessen-Homburg
Oberst-Lieutenant		Vincenz von Jünger
1. Major		Alexander Medvey
2. Major		Alexander Forisch de Förohidvár
3. Major	Baron Joseph Simonyi de Vitezvár	Anton Geringer von Ödenburg

Das Regiment trat den Feldzug mit einer Stärke von 1 235 Husaren und 1 164 Pferden an. Es war offiziell der Brigade Pfanzelter (Division Vukassovich) innerhalb des III. Korps (Hohenzollern) zugeteilt, verblieb allerdings hauptsächlich in Reserve und hatte kaum Anteil an den Kämpfen der ersten Schlacht bei Landshut, wo es Teil von Radetzkys Vorhut war. Auch an den Kämpfen bei Regensburg war es kaum beteiligt. Auf dem Rückzug nach Böhmen verblieb es in der Brigade Vukassovich. Es marschierte nach Linz. Eine Eskadron bildete weiterhin einen Teil der Brigade Pfanzelter, während drei zum Détachement des Obersten Timotheus von Winzian kommandiert wurden. Zwei weitere Eskadrons kamen zur Division St. Julien-Waldsee (Brigade von Schneller). Der Rest tat im II. Korps (Kolowrat) Patrouillendienst entlang der Donau. Das Regiment kämpfte bei Pötlingberg und Götschker. Anschließend wurde es im Vorpostendienst zwischen Gallneukirchen und Neumarkt eingesetzt. An der Schlacht bei Aspern war es nicht beteiligt.

Bei Wagram bildete das Regiment in der Brigade Vécsey einen Teil der Avantgarde des linken österreichischen Flügels (Division Nordmann). Oberst von Kisielewsky wurde durch eine Kanonenkugel ein Fuß abgerissen, eine Verwundung, die sich als tödlich erwies. Am 6. Juli verblieb die Hälfte des Regiments am linken Flügel, während die andere Hälfte unter Major Simonyi zusammen mit den Vincent-Chevaulégers innerhalb der Brigade Hardegg im Zentrum der österreichischen Schlachtaufstellung stand. Das brennende Baumersdorf verhinderte allerdings einen effektiven Einsatz der Reiterei. Die Schlacht bei Wagram kostete das Regiment 375 Tote und Verwundete. Anschließend wechselte es in die Brigade Radetzky im IV. Korps (Rosenberg) und machte sich auf den Rückzug nach Böhmen.

K.K. Husarenregiment Nr. 5
(Baron Carl Ott von Bátorkész, später Joseph Graf Radetzky von Radetz)

Rekrutierungsbezirk: Ödenburg (Sopron). Reserveeskadron in der Brigade Daniel in Ödenburg unter Alvinczy.

Depot	Esseg (Osijek/Wojwodina), danach Warasdin/Kroatien	
Oberst (Kommandeur)	Wilhelm von Fulda (gefallen bei Fontanafredda/Sacile)	Ludwig Boros de Rákos
Oberst-Lieutenant	Ludwig Boros de Rákos	Baron Franz von Luzenszky
1. Major	Baron Franz von Luzenszky	
2. Major	Franz Kakonyi	
3. Major	Matthias von Gavenda	

Das Regiment war beim Ausmarsch 1 098 Mann und 1 045 Pferde stark. Es gehörte zur Brigade Baron Schmiedt, Division FML Frimont im VIII. Korps der Armee Innerösterreichs (FML Marquis de Chasteler, danach FML Albert Gyulai). Bei Pordenone (14. April 1809) war es Teil der Avantgarde der Brigade Splényi (Div. Frimont). Am 16. April fiel sein Kommandeur, Oberst von Fulda bei Fontanafredda. Sein, von fünf Kugeln getroffener, Säbel wurde auf das Gut des Grafen Pejacevich nach Verovetice in Slawonien gebracht, wo er in der Waffenkammer besichtigt werden kann. Major Kakonyi wurde gefangen genommen.

Im Mai verrichtete das Regiment Ordonnanzdienste beim Generalstab des VIII. Korps; während der Schlacht an der Piave befand es sich beim Hauptquartier der Armee in Conegliano. Angeführt von FML Frimont, attackierte es nach der Schlacht die französischen Dragoner und machte den Weg für den Rückzug frei.

Bei Raab bildete es einen Teil der Division FML Mécsery von Tsoor (Brigade Oberst Gosztóny). Die Schlacht war für das Regiment blutig und verlustreich. Danach bezog es innerhalb der Brigade Bésán (Division Frimont) für kurze Zeit Quartier in Pressburg, ehe es nach Warasdin in Kroatien verlegt wurde.

K.K. Husarenregiment Nr. 6
(GdK Ernst Graf Blankenstein)

Rekrutierungsbezirk: Großwardein (Nagyvárad). Reserveeskadron in der Brigade Schönthal in Leitmeritz unter Riesch und Laudon.

Depot	Gabel (Böhmen) – Rzeszow (Galizien)
Oberst (Kommandeur)	Vincenz von Gillert
Oberst-Lieutenant	Georg von Vieland
1. Major	Heinrich Graf Blankenstein
2. Major	Anton von Teschenberg
3. Major	Franz Leibinger
Weitere Stabsoffiziere	Franz Graf Bigot de St. Quentin, Joszéf Legedics

Husarenregiment Nr. 7
(Fürst Liechtenstein)

Husarenregiment Nr. 8
(Baron Kienmayer)

Husarenregiment Nr. 9
(Johann Graf Frimont)

Uniformen der Husarenregimenter 7 – 9

Die berühmten Blankenstein-Husaren des gleichnamigen Volksliedes traten den Feldzug von 1809 mit 1 340 Husaren und 1 200 Pferden an. Zwei Eskadrons standen im I. Korps (Bellegarde), Division FML Johann Graf Fresnel von Hennequin, Brigade Baron Ferdinand von Wintzingerode-Ohmfeld, die übrigen sechs Eskadrons in der Division FML Ludwig Vogelsang, Brigade Ferdinand Graf Wartensleben, der von 1805 bis 1809 Oberst des Regiments war. Während der ersten Wochen des Feldzuges gelangten lediglich Teile des Regiments bei Amberg-Ursensollen ins Gefecht. Ansonsten stand es als Teil des I. Korps (Bellegarde) in Böhmen.

In der Schlacht bei Aspern ritten zwei Eskadrons in der Avantgarde-Brigade GM Wintzingerode (2. Kolonne, I. Korps), der Rest des Regiments befand sich im Zentrum der Kolonne bei der Brigade Wartensleben (Division Fresnel). Am ersten Tag der Schlacht griffen die sechs Eskadrons unter Wartensleben zusammen mit den Riesch-Dragonern sehr erfolgreich die Flanke der französischen schweren Kavallerie an. Auch am zweiten Tag der Schlacht ließ Oberst-Lieutenant Georg von Vieland seine Husaren die französische Kavallerie attackieren. In den Kämpfen verlor das Regiment schließlich 35 tote Husaren und 72 tote Pferde sowie 78 Verwundete und 44 verwundete Pferde. Ein Husar blieb vermisst.

Im Juni nahm das Regiment zwei volle Eskadrons Ersatz auf und wechselte in die Kavalleriereserve unter Fürst Liechtenstein (Brigade Wartensleben, Division Nostitz). Es gab eine Division an die Armee Innerösterreichs ab (Brigade Bésán, Division Frimont), welche in der Schlacht bei Raab kämpfte.

In der Schlacht bei Wagram wurden Nostitz‘ Reiter der Avantgarde-Division Nordmanns am linken Flügel des IV. Korps unterstellt. Sie nahmen an den Gefechten bei Markgrafneusiedl teil. Am zweiten Tag der Schlacht bildete das IV. Korps zwei Kolonnen und griff Großhofen und Glinzendorf an. Die Brigade der Blankenstein-Husaren bildete zum Schutz der linken Flanke eine dritte Kolonne. Der Angriff misslang, sodass am Nachmittag der Rückzug erfolgte.

Die sich zurückziehenden Husaren lieferten sich bei Hollabrunn und Schöngrabern harte Gefechte mit den nachsetzenden Franzosen. Da sie den Anschluss an das IV. Korps verloren hatten, wurden sie unter GM Klebelsberg als autonomer Verband dem V. Korps (Reuss-Plauen) unterstellt und bis hinter Znaim zurückgenommen.

K.K. Husarenregiment Nr. 7
(Fürst Johannes Joseph Liechtenstein)

Rekrutierungsbezirk: Fünfkirchen (Pécs). Reserveeskadron in der Brigade Daniel in Ödenburg unter Alvinczy.

Depot	Ungarisch-Brod, später Großwardein	
Oberst (Kommandeur)	Franz von Vlasits	
Oberst-Lieutenant	Joseph Garnica	Emerich Mariássy
1. Major	Anton Spannagel	
2. Major	Max Graf Nesselrode	
3. Major	Franz Wahler	
Andere Stabsoffiziere	Carl Graf Chamborant	

Das Regiment trat den Feldzug mit 1 335 Husaren und 1 102 Pferden im VI. Korps (FML Baron Hiller, Division FML Vincent) an. Das Korps sammelte sich bei Braunau. Die Hälfte des Regiments zog in der Avantgarde-Brigade GM Armand von Nordmann (von Ach bis zur Salzach), die andere Hälfte bildete einen Teil der Brigade Hoffmeister von Hoffeneck. Bei Haag kam es zum ersten Feindkontakt. Während der Schlacht bei Abensberg befanden sich je eine Eskadron in den Détachements Major von Scheibler und Rittmeister Spannagel. Je drei Eskadrons waren Teil der Brigaden Nordmann und GM Otto Graf Hohenfeld. Eine Division kämpfte unter Nordmann bei Landshut. Die Eskadron im Détachement Scheibler war ebenfalls anwesend. Die mittlerweile arg dezimierten Eskadrons sammelten sich unter Nordmann bei Neumarkt und retirierten nach Oberösterreich. Bei Ebelsberg befanden sich fünf Eskadrons unter Oberst Vlasits am linken österreichischen Flügel, eine verblieb bei Nordmann. Anschließend zogen diese sechs Eskadrons nach Wien, wo sie den Befehl erhielten, das Burgtor und das Kärntnertor gegen die nachdrängenden Franzosen zu verteidigen. Nachdem Wien gefallen war, setzten sie als Arrieregarde über die Donau und wurden anschließend bei Grieskirchen und Lambach der Division FML Schustekh beigegeben (Brigade Nordmann). Eine weitere Eskadron stieß hier zum Regiment.

Bei Aspern bildeten die sieben Eskadrons mit insgesamt 640 Mann einen Teil der 1. Kolonne (VI. Korps, Avantgarde Nordmann). Sie verteidigten Kagran und Hirschstetten.

Bei Wagram waren alle acht Eskadrons Bestandteil der Division Vincent, Brigade GM Graf Wallmoden-Gimborn. Das Regiment verlor 148 Mann und 172 Pferde.

Nach der Schlacht bei Wagram lieferten sich die Liechtenstein-Husaren bei Korneuburg und Hollabrunn Scharmützel mit dem Gegner, ehe sie auf Wolframitzkirchen zurückgingen. An der Schlacht bei Znaim waren sie nicht beteiligt.

K.K. Husarenregiment Nr. 8
(GdK Baron Kienmayer, auch „Barco-Husaren" genannt)

Rekrutierungsbezirk: Pressburg (Pozsony/Bratislava). Reserveeskadron in der Brigade Daniel in Ödenburg unter Alvinczy.

Depot	Nagy-Tapolcsán, danach Wien	
Oberst (Kommandeur)	Baron August Vécsey	Franz Graf Bánffy (nach Aspern)
	Franz Warlich von Bubna (zweiter Oberst)	
Oberst-Lieutenant	Franz Warlich von Bubna	Baron Philipp Lilien
1. Major	Dominik Seibert	
2. Major	Baron Franz Kienmayer	
3. Major	Franz Genczy	
Weitere Stabsoffiziere	Anton Zrinsky	

Das Regiment war beim Ausmarsch 1 097 Mann und 1 040 Pferde stark. Es wurde der Division FML Schustekh im V. Korps (Erzherzog Ludwig) beigegeben; zwei Eskadrons bildeten einen Teil der Brigade Radetzky, die übrigen sechs waren in der Brigade Baron Josef Mesko de Felsö-Kubiny. Nach dem Rückzug nach der Schlacht bei Abensberg bildeten vier Eskadrons die Nachhut der Division Vincent, die übrigen vier verblieben bei Mesko und Schustekh und kämpften bei Landshut, Kloster Rohr und Riedau. Bei Neumarkt bildete Meskos Brigade die Vorhut der mittleren (2.) Kolonne, bei Ebelsberg gehörte das Regiment zur Brigade Hohenfeld (Division Schustekh, danach auch Dedovich). Nach dem Marsch nach Wien kehrte die Brigade Mesko in die Division Vincent zurück (jetzt im VI. Korps Hiller).

Bei Aspern gehörte das Regiment, dessen acht Eskadrons nur noch insgesamt 434 Mann zählten, zum gleichen Verband. Es griff das Dorf Aspern an und attackierte in der Folge die französische Kavallerie, die ihrerseits die österreichische Infanterie angegriffen hatte. Die Verluste betrugen zwei tote Husaren und 19 tote Pferde, 16 Husaren und sieben Pferde wurden verwundet.

Bei Wagram befanden sich die Kienmayer-Husaren in der Brigade Wallmoden (Division Vincent, VI. Korps). Das Regiment operierte am Donauufer und auf den Anhöhen bei Stammersdorf.

Nach der Schlacht bei Wagram: siehe HR 7.

K.K. Husarenregiment Nr. 9
(Johann Frimont Graf von Palota, Fürst von Antrodoco)

Rekrutierungsbezirk: Veszprém, danach Esseg (Osijek) in Kroatien. Reserveeskadron in der Division Lippa unter Kerpen.

Depot	Pettau, später Radkersburg (1810)	
Oberst (Kommandeur)	Baron Georg von Wrede (1808)	Friedrich von Bretschneider
Oberst-Lieutenant	Johann von Lipsky (s. HR 1)	Baron Emmanuel Brettfeld
1. Major	Adolf von Prohaszka	
2. Major	Baron Anton von Callot	
3. Major	Anton Kolb	
Weitere Stabsoffiziere	Joszéf Ujhazy – Karl Gyurtsak	

Die Frimont-Husaren begannen den Feldzug mit 1 305 Husaren und 1 101 Pferden. Das Regiment gehörte zur Brigade Splényi, 2. Division Wolfskehl, IX. Korps (Ignaz Gyulai) der Armee Innerösterreichs. Zwei Eskadrons wurden zur Verstärkung der Verbände zur Verteidigung Kroatiens unter Knesevich entsandt, zunächst als Teil der Brigade Tomassich, danach in der Brigade Gyurkovich. Bei Sacile verblieben vier Eskadrons in der Brigade Splényi. An der Piave bildete die Division FML Frimont die Nachhut und die sechs Eskadrons der Brigade Splényi deckten den Rückzug der gesamten Armee.

Im Treffen bei Graz am 23. Juni, gehörten die Frimont-Husaren mit vier Eskadrons zur Avantgarde am rechten Ufer der Mur. Auf dem linken Ufer bildeten zwei weitere Eskadrons einen Teil der Brigade Kengyel im Zentrum des IX. Korps. Zwei weitere Eskadrons versahen Patrouillenaufgaben und lieferten sich am 25. Juni bei St. Leonhardt ein Gefecht mit gegnerischen Truppen.

K.K. Husarenregiment Nr. 10
(Baron Joseph Stipsicz von Ternova)

Rekrutierungsgebiete: Bezirke Kaschau (Kassá), Epérjes und Presov. Reserveeskadron in der Brigade Kerekes in Pressburg unter Alvinczy.

Depot	1808–1809 Wien, danach Ujpécs (1810)	
Oberst (Kommandeur)	1808 Baron Franz von Fröhlich (Frelich)	Anton Gundaker Graf Starhemberg
	Maximilian von Paumgarten (zweiter Oberst)	
Oberst-Lieutenant	Nicolaus de Jóbbagyi	Matthias von Loy
1. Major	Joseph Thannhoffer	
2. Major	Mihályi Pechy de Pech-Ujfalu	
3. Major	Ludwig Graf Esterházy	

Das Regiment zählte beim Ausmarsch 1 227 Husaren und 1 128 Pferde. Vor der Schlacht bei Aspern wurde das Regiment „abteilungsweise" auf mehrere Verbände aufgeteilt: Zwei Züge unterstützten in der Brigade GM Sinzendorff, Division FML Dedovich die Blockade der Festung Oberhaus, zwei Eskadrons überwachten in der Brigade GM Paul von Radivojevich die böhmisch-bayerische Grenze. Weitere vier Züge dienten als Teil der Brigade GM Reinwaldt entlang der Donau. Fünf Eskadrons gehörten zur Division Sommariva. Vor der Schlacht bei Eggmühl fanden sieben Eskadrons in der Brigade Stutterheim (IV. Korps) wieder zusammen. Sie kämpften bei Wenig (Landshut), Dinzling und Eggmühl.

Nach dem Rückzug wurde eine halbe Eskadron (wahrscheinlich der von Passau-Oberhaus kommenden 8. Eskadron) der Brigade Bianchi beigegeben (Division Reuss-Plauen, V. Korps Erzherzog Ludwig). Solchermaßen organisiert, kämpfte sie bei Landshut. Die andere Hälfte der Eskadron gehörte zur Brigade Sinzendorff (Division Dedovich).

Anlässlich der Schlacht bei Neumarkt wurden die beiden halben Eskadrons im V. Korps wieder zusammengeführt, allerdings verblieb die eine bei Bianchi, die andere wurde der Brigade Reinwaldt beigegeben. Diese Truppen fochten bei Ebelsberg.

Die im IV. Korps verbliebenen Eskadrons zogen sich mit der Hauptarmee nach Böhmen zurück und kamen im Mai zur Avantgarde-Division FML Klenau, Brigade Oberst Frehlich (ehemaliger Regimentskommandeur von 1808 bis 1809).

Bei Aspern war das nunmehr wieder vereinigte Regiment noch 861 Mann stark. Es kämpfte in der Brigade Frehlich (Division Klenau) bei Stadl-Enzersdorf und Essling. Sechs Husaren und 21 Pferde starben, 41 Husaren und 50 Pferde wurden verwundet.

Bei Wagram standen sieben Eskadrons in der Brigade Frehlich (Avantgarde-Division Nordmann) am linken österreichischen Flügel. Die verbliebene Eskadron gehörte inzwischen zur Brigade Bach (Armee Innerösterreichs, 3. Kolonne). Nach der Schlacht zog sich das Regiment innerhalb der Division Radetzky im IV. Korps zurück. Während des Rückzugs kämpfte es bei Mistelbach.

K.K. Husarenregiment Nr. 11
(National-Grenzregiment Szekler Husaren)

Rekrutierungsbezirke: Háromszék, Csik, Aranyos, Grafschaft Hunyad; ab 1770 ebenfalls der Rekrutierungsbezirk des ehemaligen Wallachischen Grenzdragonerregiments. Das Regiment war acht Eskadrons stark.

Depot	Sepsi – Szent-György	
Inhaber	[*Inhaberstelle wird erst im Jahr 1848 vergeben*]	
Oberst (Kommandeur)	Baron Martin von Rakovsky	
Oberst-Lieutenant	Baron Carl Kémenyi	Anton Schmidt
1. Major	Johann Reinisch	
2. Major	Ladislaus Graf Haller	

Das Regiment war beim Ausmarsch 1 759 Husaren und 1 425 Pferde stark. Es gehörte zur Division Schauroth im VII. Korps (Erzherzog Ferdinand) und kämpfte in der Avantgarde-Brigade Mohr bzw. der Brigade GM Geringer bei Raczyn, Warschau, Grochow und Sandomierz. Die „Husaren-Brigade" Geringer bestand aus den Husarenregimentern 11 und 12 und wurde im April 1809 in Odrzywól aufgestellt. Sie marschierte nach Nowe Miasto und überschritt am 15. April den Fluss Pilitza.

K.K. Husarenregiment Nr. 12
(Erzherzog Joseph Anton, Palatin von Ungarn; „Palatinal-Husaren")

Jazygier und Kumanier Distrikte und Haiduckenstädte. Reserveeskadron in der Brigade Bicking in Lemberg (Lwiw), Division Meerveldt unter Hohenlohe-Ingelfingen.

Depot	Zolkiew-Rohatyn, Rzeszow	
Oberst (Kommandeur)	Joseph de Csanády (1808)	Alexander de Illésy
Oberst-Lieutenant	Alexander de Illésy	Friedrich Graf Hoditz
1. Major	Ernst Fickweiler	
2. Major	Jakub von Olah	
3. Major	Stephan von Nemeth	
Weitere Stabsoffiziere	Baron Ferdinand Szobek, Adam Ballog	

Husarenregiment Nr. 10
(Stipsicz)

Husarenregiment Nr. 11
(Szekler)

Husarenregiment Nr. 12
(Palatinal)

Freiwillige Husaren des
Majors von Schill

Ussari di Carneville

Uniformen der Husarenregimenter 10 bis 12 sowie der Schill-Husaren und der Carneville-Husaren

Das Regiment war im Jahr 1800 als Teil des ungarischen Insurrektionsaufgebotes aufgestellt und kurz darauf unter dem Namen „Palatinal-Husaren" in ein reguläres Husarenregiment umgewandelt worden. Es war drei Divisionen stark. Im Jahr 1802 übernahm es die Stammnummer 12 von dem zuvor aufgelösten Kroatisch-Slawonischen Husarenregiment.

Die Palatinal-Husaren traten den Feldzug mit 1 267 Mann und 1 107 Pferden an. Das Regiment gehörte zum VII. Korps (Brigade Geringer, Division Schauroth) und kämpfte in Polen. Es nahm am Treffen bei Raszyn teil, wo vier Eskadrons im Gefecht mit den polnischen Truppen des Generals Rozniecki die Höhen von Wygoda-Karczma einnahmen. Später kämpfte das Regiment bei Jedlinsko und Zarnowice. Eine Eskadron wurde unter Rittmeister Silly entsandt, um das linke Weichselufer zu überwachen.

Im Mai wurden die übrigen sieben Eskadrons der Division FML Mondet unterstellt und zogen nach Galizien, wo polnische Verbände die Kampflinie am Fluss San bedrohten. Eine Eskadron wurde unter Oberst-Lieutenant Alexander de Illésy zur Verteidigung von Sochaczew abgeordnet. Am 12. Juni nahm eine Eskadron unter FML Schauroth an der Schlacht bei Gorzyce teil.

Mütze und Pelzjacke für Husaren vor 1798
Aus dem in einer Auflage von 400 Exemplaren veröffentlichten Prachtwerk „Erzherzog Karl – Der Feldherr und seine Armee", Wien 1913:
(Sammlung Markus Stein)

ÖSTERREICHS ARTILLERIE [18]

Grundsätzliche Angaben

Alle kriegführenden Staaten hatten zu diesem Zeitpunkt den taktischen Einsatz [19] sogenannter Regimentsgeschütze zugunsten zusammengefasster starker Batterien an den Brennpunkten der Schlacht aufgegeben. Frankreich machte diesen Schritt in Form der Kaiserlichen Dekrete vom 7. April, 9. Juni und 15. Oktober 1809 teilweise rückgängig, die es den Regimentern gestatteten, die große Anzahl erbeuteter feindlicher Geschütze erneut in der zuvor aufgegebenen Form zu verwenden. Erst im April 1811 verfügte der ehemalige Artillerieoffizier Napoleon Bonaparte erneut die Abschaffung der Regimentsgeschütze. Allerdings gilt vielen die geschickte Kombination mobiler Regimentsartillerie mit der massierten Feuerkraft der Positionsartillerie als Schlüssel zum Erfolg der französischen Armee in der Schlacht bei Wagram. [20]

18 Aus Premierleutnant Belleville: „Über die Verwendung der Artillerie im Feldzuge 1809 in Bayern", München 1876, in *Archiv für die Artillerie- und Ingenieur-Officiere des Deutschen Reichsheeres.*

19 Der erste Feldherr, der der Artillerie größere taktische Bedeutung einräumte, war Friedrich der Große. Er schuf eine Regimentsartillerie in Form der sogenannten Bataillonsgeschütze, die die Infanterie im Feuerkampf unterstützten. Gleichzeitig setzte er an den Brennpunkten der Schlacht auf die konzentrierte Feuerkraft größerer Batterien mit sechs bis zehn Geschützen.

20 Von Wien aus schrieb Napoleon an General Lariboisière am 15. Juli 1809 folgende Anweisungen hinsichtlich seiner Artillerie:
Monsieur le général La Riboisière, faites-moi un rapport qui me fasse connâitre les besoins de l'artillerie: 1° en bouches de feu de campagne; 2° en munitions; 3° en poudre; 1° en ouvriers pour puvoir se procurer des effets, des fers et autres objets nécessaires à l'approvisionnement de l'artillerie; 5° en personnel, savoir: cononniers et train.
Votre rapport doit reposer sur les bases suivantes:
1. Deux pièces de 3, de 4 ou de 6 par régiment, ce qui fait:
2. Pour le corps du duc de Rivoli...28
3. Pour le corps du duc d'Auerstaedt...28
4. Pour le corps de maréchal Oudinot...34
5. Pour le corps du vice-roi...32
n.: Pour le corps du maréchal Marmont...14
Ce qui fait, pour les pièces de regiment, un total de 116 pièces, dequelles il faut ôter ce que vous avez dejà fourni.
Faites-mol connâltre: 1° ce que vous pouvez fournir ici en pièces de 4 ou 6, 2° ce que peuvent fournir encore Passau et Lintz; 3° cu qu'on peut fair venir de France. Quant à l'organisation des divisions, voici les besoins:
Le corps du duc de Rivoli...60 pièces.
Le corps du duc d'Auerstaedt...60
Le corps du maréchal Oudinot...45
Le corps du maréchal Marmont...30
Le corps du vice-roi...60
Total...255
n.: Je ne comprends point dans ce compte les alliés.
Pour la cavalerie, il faut une demi-batterie par chaque régiment de cuirassiers; ainsi
n Pour la division nansouty, il faut...18 pièces
n Pour la division Saint-Germain...12
n Pour la division du duc de Padoue...12
Une demi-batterie de 3 pièces pour chaque division de cavalerie légère; *ainsi il faut pour la division Montbrun et pour celle que commandait Lassalle, 48 pièces d'artillerie* légère.
Pour la garde, il faut compter d'abord 60 pièces telles qu'elles existaient avant la bataille.
24 pièces don't j'ai ordonné la formation à Strasbourg.
De plus, je désire avoir sous le commandement du g'néral de ma garde, pour suivre sa destination, une réserve de 19 pièces de 12 et 6 obusiers servis par l'artillerie à pied, faisant 18 pièces, ce qui portera l'artillerie qui suivra la garde à 102 pièces; plus 4 divisions, chacune de 6 pièces, savoir 16 pièces de 6 et 18 obusiers servis par l'artillerie de la ligne, faisant 24 pièces; ce qui formera une réserve de 44 bouches à feu qui, avec les 84 pièces de la garde, feront une réserve de...128 pièces.
Récapitulation:
Pièces de régiments...116
Pièces de division...255
Pièces de cavalerie...48
Pièces de la garde et réserve...126
545 bouches à feu.
Sans compter les alliés:
Les Bavarois doivent avoir...60
Les Saxons...36
Les Wurtenbergois...24
Les Badois...18
Les Hessois...16
154 bouches a feu.
Total général...699 bouches
Schönbrunn, 15 juillet 1809.
Napoléon.

[Herr General La Ribosière, verfassen Sie mir einen Bericht, der mir eine Übersicht über die Bedürfnisse der Artillerie verschafft. 1. An Geschützen für den Feldzug; 2. An Munition; 3. An Schießpulver; 5. An Arbeitern, um sich die Mittel, das Metall und andere notwendige Dinge zur Versorgung der Artillerie zu verschaffen; 5. An Personal, d. h. an Kanonieren und Trainsoldaten.
Ihr Bericht muss sich auf folgenden Vorgaben stützen: [Man benötigt, Anm. d. Ü.]
1. Zwei Geschütze von 3, 4 oder 6 Pfund pro Regiment, das macht:

Kanonen aller Kaliber verschossen im Abstand von ein bis zwei Minuten eiserne Vollkugeln. Haubitzen verschossen Granaten, zumeist im Schleuderschuss oder Wurf. Beide Geschützarten konnten auf kurze Distanz Kartätschen verschießen (im österreichischen Heer auch „Schrotbüchseln“ genannt). In diesem Fall betrug die Feuergeschwindigkeit etwa drei bis vier Minuten.

Ab einer Zielentfernung von 600 bis 700 Metern ließ die Genauigkeit von Artilleriefeuer signifikant nach. In welligem oder hügeligem Terrain wurden Granaten verschossen, die bei der Explosion in acht bis zwölf Fragmente zerbarsten, Vollkugeln und Kartätschen kamen vorzugsweise in der Ebene oder auf kurze Distanz zum Einsatz. Kartätschen waren bis zu einer Reichweite von etwa 450 Metern wirksam.

Österreichs legendäre Artillerie, deren Ruhm auf die umfassenden Reformen des Fürsten Wenzel von Liechtenstein in der Mitte des 18. Jahrhunderts zurückging[21], verfügte mit einer großen Zahl von Dreipfündern im Durchschnitt über die kleineren Geschütze. Der österreichische Zwölfpfünder war dem französischen Geschütz gleichen Kalibers qualitativ unterlegen und entsprach in seiner Wirksamkeit

---

2. Für das Korps des Herzogs von Rivoli: 28 Geschütze.
3. Für das Korps des Herzogs von Auerstedt: 28 Geschütze.
4. Für das Korps des Marschalls Oudinot: 34 Geschütze.
5. Für das Korps des Vizekönigs: 32 Geschütze.
n.: Für das Korps des Marschalls Marmont: 14 Geschütze.

Das macht zusammen an Regimentsstücken eine Summe von [mindestens] 116 Geschützen, von der man die Anzahl derjenigen abziehen muss, die Sie bereits zur Verfügung gestellt haben. Setzen Sie mich in Kenntnis 1. Was Sie hier an 4- und 6-Pfündern zur Verfügung stellen können; 2. Was Passau und Linz noch beisteuern können; 3. Was man aus Italien herbeischaffen kann; 4. Was man aus Frankreich herbeischaffen kann.

Was die Organisation der Divisionen betrifft, so ist der Bedarf wie folgt:
Das Korps des Herzogs von Rivoli: 60 Geschütze.
Das Korps des Herzogs von Auerstedt: 60 Geschütze.
Das Korps des Marschalls Oudinot: 45 Geschütze.
Das Korps des Marschalls Marmont: 30 Geschütze.
Das Korps des Vizekönigs: 60 Geschütze.
Summe: 255.

n.: Die Verbündeten sind in dieser Aufstellung nicht berücksichtigt.

Was die Kavallerie anbelangt, so brauchen wir eine Halb-Batterie für jedes Kürassierregiment; demnach
n Für die Division Nansouty: 18 Geschütze.
n Für die Division Saint-Germain: 12 Geschütze.
n Für die Division des Herzogs von Padua: 12 Geschütze.

Eine Halb-Batterie von 3 Geschützen für jede Leichte Kavalleriedivision, folglich werden für die Division Montbrun und die von Lassalle befehligte Division 48 leichte Geschütze benötigt.

Für die Garde muss man zunächst diejenigen 60 Geschütze zählen, die sie vor der Schlacht zur Verfügung hatte.
24 Geschütze, deren Zusammenstellung ich in Straßburg befohlen habe.
Zusätzlich wünsche ich unter dem Kommando des Generals der Garde eine Reserve von 19 12-Pfündern und 6 Haubitzen zu haben (von der Fußartillerie bedient), damit er seinen Auftrag erfüllen kann. Das macht 18 Stück, was der Artillerie, die der Garde folgen wird, insgesamt 102 Kanonen zur Verfügung stellt; hinzu kommen 4 Divisionen, jede mit 6 Geschützen, also 16 6-Pfünder und 18 Haubitzen, bedient von der Linienartillerie, macht zusammen 24 Geschütze; das wird eine Reserve von 44 Geschützen bilden, was zusammen mit den 84 Geschützen der Garde eine Reserve von 128 Geschützen ergeben wird.
Zusammenfassung:
Regimentsstücke: 116
Divisionsgeschütze: 255
Kavalleriegeschütze: 48
Geschütze der Garde und in Reserve: 126
545 Geschütze.
Ohne die Verbündeten hinzu zu zählen:
Die Bayern müssen 60 Geschütze haben.
Die Sachsen 36.
Die Württemberger 24.
Die Badener 18.
Die Hessen 16.
154 Geschütze.
Summe der Geschütze bei der Armee: 699
Schönbrunn, am 15. Juli 1809.
Napoleon.]

Der Herausgeber Adrien Pascal fügt als Kommentar hinzu:
Il résulte de cette lettre que Napoléon voulait désormais se servir de l'artillerie comme du moyen le plus puissant de gagner des batailles. En donnant à chaque régiment 2 pièces de canons servies par les hommes du régiment même en augmentant l'artillerie des divisions il portait à 699 le nombre des bouches à feu qui, avec les 128 pièces de la garde ou de la réserve, élevait le total des bouches à feu de l'armée française à 825.
[*Aus diesem Brief folgt, dass Napoleon sich fortan der Artillerie als mächtigstes Mittel zum Gewinnen einer Schlacht bedienen wollte. Indem er jedem Regiment zwei Geschütze zur Verfügung stellte, die von den Soldaten des Regiments selbst bedient wurden, durch die Vermehrung der Divisionsartillerie brachte er die Anzahl der Geschütze auf 699, eine Zahl, die zusammen mit den 128 Geschützen der Garde und der Reserve, die Gesamtsumme der Geschütze in der französischen Armee auf 825 erhöhte.*]
Pascal Adrien, *Correspondance inédite de l'Empereur Napoléon avec le commandant en chef de l'artillerie de la Grande-Armée, pendant les campagnes de 1809 en Autriche, 1810-1811 en Espagne, 1812 en Russie*, Paris, Dumaine ed. 1843.

21 Liechtenstein gründete die Artillerieschule in Budweis und standardisierte die kaiserlichen Geschützkaliber. Der französische Artilleriereformer Gribeauval diente in der österreichischen Artillerie und dürfte dort wesentliche Impulse für sein späteres Wirken empfangen haben (Anm. d. Ü.).

etwa dem französischen Achtpfünder. Österreichische und französische Geschütze hatten in etwa dieselben Schusswinkel. Hierin wurden sie von den bayerischen Geschützen deutlich übertroffen.

Im Jahr 1809 verfügte Österreichs Heer in jedem seiner sechs Korps über durchschnittlich 2,5 Geschütze pro 1 000 Mann, mit drei Geschützen pro 1 000 Mann in Reserve. Die Franzosen kamen auf 1,7 Geschütze pro 1 000 Soldaten, in den Großen Kavalleriedivisionen kamen auf 1 000 Kürassiere 1½ Geschütze. In der bayerischen Armee belief sich die Quote auf 2,9 Geschütze pro 1 000 Soldaten (2,2 in den einzelnen Divisionen). Die Artilleriekorps der übrigen Rheinbundstaaten verfügten über etwa 1,9 Geschütze pro 1 000 Mann. Österreichs Rüstungsüberlegenheit auf diesem Gebiet war demnach offensichtlich.

Technische Entwicklungen nach 1803 – eine Chronik

1804

Die Franzosen experimentieren mit neuartigen schmiedeeisernen Kanonen[22] (*en fer forgé*), deren „fusils"-Rohre aus Eisen von besonders hoher Qualität. Von letzteren überstehen allerdings nur vier aus einer Gesamtzahl von 604 Exemplaren das Probeschießen. General Eblé erprobt derweil ein Raketensystem, dessen Projektile in einem Winkel von 15 bis 25 Grad abgefeuert werden können.

An der Pariser École Polytechnique werden die Schüler kaserniert (bislang hatten sie in zivilen Quartieren logiert).

1805

Die Erprobung „à outrance" (wörtlich „bis zum Äußersten") für die Auswahl des für die Geschützherstellung am besten geeigneten Gusseisens wird eingeführt. Als Versuchsgeschütze dienen Achtpfünder, die man bis an die Grenze ihrer materiellen Belastbarkeit erprobt („pousser à bout", wörtlich etwa „bis zum Ende schubsen"). Napoleon verfügt die Ausmusterung der dreipfündigen Gebirgsgeschütze, die man im Jahr 1803 eingeführt hatte. Indessen explodieren in der Seeschlacht bei Trafalgar am 21. Oktober 1805 zwei gusseiserne Geschütze an Bord der französischen Fregatte *La Redoutable*.

1806

Napoleon berechnet, dass man etwa 16 Millionen Pfund Pulver zur Verteidigung Frankreichs benötigen würde. Zur selben Zeit werden in Österreich etwa 40 bronzene Geschützrohre pro Woche gegossen.

In der Dienstvorschrift der britischen Artillerie erscheint zum ersten Mal die Beschreibung der 1803 von Henry Shrapnel entwickelten gleichnamigen Kartätschgranate, die Bleikugeln verschießt.

In der französischen Artillerie wird festgestellt, dass sich die von der sächsischen Artillerie übernommenen Kiefernholzlafetten als besonders robust erweisen.

Das Königreich Neapel übernimmt das französische Artilleriesystem Anno XI.

1807

Versuche mit neuen französischen Dreipfündern ergeben, dass sich die Rohre infolge von Dauerfeuer zu stark erhitzen. Versuche mit britischem Gusseisen führen zu lediglich 4 % Geschützausfällen.

1808

Die *Royal Artillery* verwendet in der Schlacht bei Vimeiro zum ersten Mal Schrapnellgranaten. Die Wirkung ist verheerend.

Der französische General Jacques Allix de Vaux reorganisiert als Generaldirektor des Artillerie- und Geniekorps des Königreiches Westfalen die dortige Artillerie.

Napoleon verfügt die Einführung von sechspfündigen Mörsern als tragbare Kleingeschütze für die französische Armee (sogenannte Coehoorn-Mörser). Die in Toulouse gefertigten Exemplare erweisen sich allerdings schnell als unbrauchbar.

Im Artilleriemagazin der brandenburgischen Stadt Strasburg befinden sich 58 bronzene und 1 975 gusseiserne Geschütze.

1809

William Congreve baut in Woolwich die erste Fabrik für ballistische Raketen.

Während der Schlacht bei Aspern verwenden österreichische Genietruppen zur Zerstörung der französischen Behelfsbrücke auf die Insel Lobau u. a. eine Sprengvorrichtung, die an einer Stange befestigt und mechanisch ferngezündet wird (à mât et boit en boule).

In der darauffolgenden Schlacht bei Wagram werden insgesamt 82 000 Kanonenschüsse abgefeuert (nach anderen Angaben 71 000).

---

22 Die meisten europäischen Geschützrohre wurden aus Bronze gegossen, eine Mischung aus Kupfer und Zinn im Verhältnis 10:1. In Österreich wurde für die schwereren Festungsgeschütze Gusseisen verwendet, da dies die stärkeren Treibladungen der schweren Kaliber aushielt, allerdings hatten bronzene Geschützrohre eine größere Lebensdauer. Frankreich verwendete Schmiede- und Gusseisen für seine Küsten- und Marineartillerie. Schmiedeeisen galt als das überlegene Material, doch war der Herstellungsprozess schwierig und kostenaufwendig. In Österreich wurden Geschütze in Wien, Graz, Prag, Pest und Hermannstadt (Banat) hergestellt, doch entstammte der Großteil den Gießereien in Wien und Mechelen (im heutigen Belgien). Eiserne Geschützrohre wurden in Mariazell und Reschitza im Banat gefertigt, wo es gut erschlossene Eisen- und Kohlevorkommen gab.
Die französischen Gießereien hatten laut kaiserlichem Dekret vom 27 Nivose An XI (1803) eine autonome *Direction Générale* in Paris mit mehreren *Sous-Directions* in den Gebieten, in denen sich die Gießereien befanden. Im Arrondissement Ardennen saßen die *Sous-Directeurs* in Charleville und Mezières, im Arrondissement Mosel und Saar saßen sie in Metz und Saarbrücken; der Sitz der *Sous-Directeurs* für die piemontesischen Gießereien war Turin.

Neuorganisation 1778

Im Jahr 1778 wurde die österreichische Artillerie neu organisiert. 1779 standen in Italien temporäre Divisionen und Teile der Artilleriereserve (*Armée-Geschütz-Reserve*), die den dortigen Kavallerieregimentern unterstanden.

Im Jahr 1809 war das kaiserlich-königliche Heer in Korps organisiert, die aus je einer leichten und einer Linieninfanteriedivision bestanden. Die Leichten Infanteriedivisionen bestanden aus je zwei Brigaden zu je drei bis vier Bataillonen. Hinzu kamen ein Regiment Kavallerie und eine Kavalleriebatterie.

Die Linieninfanteriedivisionen verfügten über zwei bis drei Brigaden zu je zwei Regimentern. Jedem Regiment wurde eine Batterie zugeteilt. Es gab keine Kavallerie. Während des Feldzuges von 1809 standen dem österreichischen Heer in Bayern 60 Reservegeschütze zur Verfügung.

Organisation der Österreichische Batterien 1808

Seit 1808 hatte Österreichs Armeeführung die Geschütze in Batterien organisiert:

1. Leichte Batterien bestanden aus je acht Drei- oder Sechspfündern. Da sie den Brigaden beigegeben wurden, bezeichnete man sie als Brigadeartillerie.

2. Schwere Batterien bestanden aus vier Sechs- und Zwölfpfündern und zwei siebenpfündigen Haubitzen. Sie unterstanden den Divisionen und wurden als Positionsartillerie bezeichnet.

3. Die als Reserve- oder auch Parkartillerie bezeichneten Reservegeschütze zogen mit dem Heer und ersetzten fortlaufend Verluste.

Um ihre Bedienung zu erleichtern und Verluste zu minimieren, sollten die Geschütze mit einem seitlichen Abstand von zehn Schritten auffahren, Kavalleriegeschütze hatten einen Abstand von 15 bis 20 Schritten einzuhalten. Die Geschützprotzen mit der unmittelbar zu verschießenden Munition hatten in einem Abstand von zehn Schritten zu den Geschützen Aufstellung zu nehmen, die vier Zugpferde wiederum zehn Schritte von den Protzen entfernt. Die Munitions- und Versorgungswagen hatten sich in 40 Schritten Entfernung zur Verfügung zu halten. Diese Vorschriften waren im Feld je nach Terrain nicht immer akkurat umsetzbar.

Die Stärke der Österreichischen Artillerie während des Feldzuges in Bayern

Das K.K. Heer verfügte im Frühjahr 1809 auf dem bayerischen Kriegsschauplatz über 76 Batterien mit insgesamt 518 Geschützen. Diese setzten sich wie folgt zusammen:

31 Brigadebatterien (8 Dreipfünderbatterien = 64 Geschütze; 23 Sechspfünderbatterien, davon 4 Kavalleriebatterien = 184 Geschütze).
31 Positionsbatterien (4 Sechspfünder- und 2 Haubitzbatterien = 186 Geschütze).
14 Positionsbatterien (4 Zwölfpfünder- und 2 Haubitzbatterien = 84 Geschütze).
Zusammen = 76 Batterien and 518 Geschütze.

Der Abstand zwischen den Geschützen betrug ca. 10 Schritte[23], bei der Berittenen Artillierie 15-20 Schritte.

Kaliber und Munition[24]

Ein Dreipfünder wurde von acht, ein Zwölfpfünder von zwölf Kanonieren bedient. Ein Kavalleriegeschütz hatte sechs Mann Bedienung, von denen fünf am Geschütz standen und einer die Pferde hielt. In den reitenden Batterien wurde die Munition außen in der Lafettentruhe, zum Teil in der Protze und teilweise in sogenannten „Munitionsgeschützkarren" mitgeführt. Weitere Munition wurde von Trosspferden transportiert. Sowohl die Geschützkarren der Fußartillerie als auch die Packpferde der Kavalleriebatterien operierten im Verbund mit den Geschützen.

Die unmittelbar verfügbaren Munitionskapazitäten setzten sich wie folgt zusammen (die Anzahl der Kartätschen machte hierbei stets ein Drittel bis ein Viertel der Menge aus):

Haubitzen: 92 Schuss
Zwölfpfünder: 102 Schuss
Sechspfündiges Kavalleriegeschütz[25]: 110 Schuss
Sechspfünder: 136 Schuss
Dreipfünder: 176 Schuss

In einem Befehl vom 9. August 1807 verfügte der Hofkriegsrat, dass weder Artillerie noch Kavallerie „Ausländer" oder ehemalige Deserteure anwerben dürften; die „deutschen" Regimenter durften hingegen eine niedrige Quote aufnehmen[26].

23 In Österreich wurden Entfernungen in Schritten (0,63 m) gemessen. Ein Schritt zerfiel in zwei Fuß (1 Fuß = 31, 6 cm). Als offizielles Längenmaß galt freilich der Zoll. 12 Wiener Zoll ergaben einen Fuß. Ein Zoll maß 26,34 mm.
In Frankreich benutzte die Artillerie das Längenmaß *toise*. Es existierte bereits in der Karolingerzeit (790 n. Chr.) und bezeichnete den Abstand zwischen den Fingern eines Mannes mit ausgestreckten Armen; hierin entsprach die Einheit dem englischen Längenmaß *fathom*. Trotz Veränderungen im Laufe der Zeit, entspricht sie 6 *pieds* (1,949 m). Zwar existierten mehrere Varianten des *pied* in Frankreich, doch ist eine *toise*, nimmt man den Pariser *pied* als Maßstab, 1,949 Meter lang (6,395 englische *feet*). Die Maßeinheit war im 19. Jahrhundert weitverbreitet und wird gelegentlich noch heute verwendet. Tatsächlich existiert in Frankreich eine weitere, dem *fathom* entsprechende, Maßeinheit, die *bronzée*, die 5 *pieds* lang ist (etwa 1, 624 Meter oder 5,328 englische *feet*). Die *bronzée* wurde zur See verwendet, während die *toise* an Land Verwendung fand.

24 Die Gewichtsmaße der einzelnen Kaliber richteten sich nach dem Gewicht der verschossenen Kugeln, allerdings gab es signifikante Unterschiede zwischen den österreichischen und französischen Maßeinheiten. In Österreich wurden Gewichte in Löth gemessen, von denen 32 ein Wiener Pfund ergaben. 1 Löth entspricht 17,5 g; demnach war ein Pfund 560 g (1,235 lb bzw. *Imperial pounds*). 100 Pfund ergaben einen Zentner (56 kg).
Somit entsprach ein österreichisches dreipfündiges Kaliber 3, 7 französische Pfund, was eher dem französischen vierpfündigen Kaliber entsprach. Entsprechend verschoss ein österreichischer Sechspfünder Kugeln, die 7, 4 französische Pfund wogen, usw.

25 Bei dieser Geschützvariante saßen die Kanoniere rittlings hintereinander auf einem gepolsterten Sitz, der auf die Lafettentruhe montiert war. Dieser Sitz verlieh den Kavalleriegeschützen mit ihrem verlängerten Lafettenschwanz den Spitznamen „Wurstwagen" (Anm. d. Ü.).

26 Bereits die theresianische Artillerie stand aufgrund der erhöhten Geheimhaltung in Zusammenhang mit der Geschütztechnik nur Landeskindern

Artillerie und Train 1798–1803 (Ottenfeld)

Regimenter	Anzahl
K.K. Artillerieregimenter	4
K.K. Artillerie-Handlanger-Korps	1

Korps	Anzahl
K.K. Bombardierkorps	1
K.K. Feldartilleriezeugamt	1

Reguläre Artillerieverbände Ende 1807 (bis 1811 gültig)

	Dreipfündige Leichte Batterien – Grenzer-Batterien
8	Zweispännige Dreipfünder
8	Zweispännige Munitionskarren
3	Zweispännige Bagagewagen
1	Oberoffizier (beritten)
1	Unteroffizier (beritten)
1	Fuhrwesenunteroffizier (beritten)

	Sechspfündige Positions- oder Reservebatterien
4	Vierspännige Sechspfünder
2	Zweispännige siebenpfündige Haubitzen
6	Vierspännige Munitionskarren
3	Zweispännige Bagagewagen
1	Oberoffizier (beritten)
1	Fuhrwesenunteroffizier (beritten)

	Kavalleriebatterien
4	Sechsspännige Sechspfünder
2	Vierspännige siebenpfündige Kavalleriehaubitzen
2	Zweispännige Munitionskarren
1	Zweispänniger „Feuerwerkskasten“ (Kartuschwagen)
24	Packpferde mit Packsätteln
12	Reitpferde für Packknechte
6	Zweispännige Fouragewagen
3	Zweispännige Bagagewagen
1	Oberoffizier (beritten)
3	Unteroffiziere (beritten)
2	Bombardiere (beritten)
3	Fuhrwesenunteroffiziere (beritten)
1	Trainsoldat

offen. In ihren Reihen befanden sich besonders viele Böhmen und Wallonen (Anm. d. Ü.).

Sechspfündige leichte Batterien	
8	Vierspännige Sechspfünder
8	Vierspännige Munitionskarren
3	Zweispännige Munitionskarren
1	Oberoffizier (beritten)
1	Unteroffizier (beritten)
4	Fuhrwesenunteroffiziere (beritten)

Zwölfpfündige Positions- oder Reserve- (auch: Vorrats-) Batterien	
4	Sechsspännige Zwölfpfünder
2	Zweispännige siebenpfündige Haubitzen
6	Vierspännige Munitionskarren
3	Zweispännige Bagagewagen
1	Oberoffizier (beritten)
1	Fuhrwesenswachtmeister (beritten)
1	FuhrwesensCorporal (beritten)

Die Batterien wurden von insgesamt zehn Fuhrwesensdivisionen mit je zwischen 180 und 203 Pferden logistisch unterstützt. Die Überführung der ehemals zur aufgelösten Regimentsartillerie gehörenden Geschütze in die neuen Leichten Batterien wurde bis zur erneuten „Pferdeconscription“, also der Anschaffung neuer Zugpferde, vorläufig vertagt. Tatsächlich wurden auf dem Gebiet der Habsburgischen Erblande auch Pferde ab ihrem vierten Lebensjahr militärisch erfasst und entsprechend ihres physischen Zustandes in Kategorien eingeteilt. Die Tiere wurden als „Landespferde“ bezeichnet, um sie von den Pferden des K.K. Heeres zu unterscheiden, die „Ärarische Pferde“ genannt wurden.

Für jeweils drei sogenannte „ordinären Batterien“ (d. h. reguläre Verbände) stand eine Traineinheit zur Verfügung, die als „Artilleriefuhrwesensdivision“ bezeichnet wurde. Eine solche wurde ebenfalls jeweils zwei Kavalleriebatterien zugeteilt. Eine dieser Divisionen konnte bis zu 200 Pferde und 100 Fuhrknechte umfassen, die von der erstaunlich geringen Zahl von einem Oberoffizier, ein oder zwei Wachtmeistern und neun Corporals geführt wurden.

Artilleriefuhrwesensdivision	
1	Leutnant (beritten)
2	Wachtmeister (beritten)
1	Fourier
3	Corporals (beritten)
6	Gefreite
3	Hufschmiede
1	Sattler
63–116	Gemeine

Munitionsvorräte

Im Jahr 1809 wurde beschlossen, den Munitionsvorrat und -nachschub jeder Batterie in drei, „Echelons" genannte, Reservemengen einzuteilen:

1. Echelon (wurde von den Batterien mitgeführt)	
Geschütztyp	Schussmenge
Dreipfünder	160
Sechspfünder	194
Zwölfpfünder	102
Achtzehnpfünder	64
Siebenpfündige Haubitze	77
Zehnpfündige Haubitze	60

2. Echelon (wird bei der Reservemunition des Heeres mitgeführt)	
Geschütztyp	Schussmenge
Dreipfünder	156
Sechspfünder	132
Zwölfpfünder	168
Achtzehnpfünder	188
Siebenpfündige Haubitze	110
Zehnpfündige Haubitze	156

Das dritte Echelon wurde im Feldmunitionsdepot der Armee gelagert.

Bei dem als „Unterstützungsreserve" bezeichneten vierten Echelon handelte es sich um ein, dem jeweiligen Korps zugeordnetes, Munitionsdepot. Bei Wagram wurde die hier gelagerte Munition direkt an die Batterien ausgegeben – die damit eine geradezu infernalische Wirkung entfalteten.

Im Frieden verfügte jedes Artillerieregiment über vier Bataillone zu je vier Kompanien. Am 27. Februar 1811 wurde der Dienstgrad des Unterkanoniers eingerichtet.

Stab eines Artillerieregiments			
1	Regimentsinhaber	1	Regimentskommandeur (Oberst)
1	Oberst-Lieutenant	3	Majore
1	Regimentskaplan	1	Regimentsauditor
1	Regiments-Feldarzt	1	Regiments-Rechnungsführer
1	Regiments-Adjutant	4	Oberärzte
1	Regiments-Tambour	8	Unterärzte
5	Fourierschützen	8	Hautboisten
1	Profoss	5	Offiziersburschen

Das 2. Artillerieregiment hatte einen weiteren Stabsoffizier als Kommandanten des Feldzeugamtes sowie einen weiteren Fourierschützen, der ihm zur Verfügung stand.

Etat einer Artilleriekompanie			
1	Hauptmann oder Capitain-Lieutenant	1	Ober-Lieutenant
2	Unter-Lieutenants	1	Feldwebel
1	Fourier	1	Fourierschützen
11	Corporals	2	Tambours
3	Offiziersburschen	150	Kanoniere und Unterkanoniere

Das Bombardier-Korps war fünf Kompanien stark:

Stab des Bombardierkorps			
1	Stabsoffizier (Kommandeur)	2	Majore
1	Stabsoffizier als *professor matheseos* (zuständig für technische Mathematik)	1	Stabsoffizier als Adjutant des Artillerie-Direktors
2	Oberfeuerwerksmeister	4	Feuerwerksmeister
1	Korps-Feldarzt	1	Auditor
1	Korps-Adjutant	1	Oberarzt
1	Korps-Rechnungsführer	2	Unterärzte
7	Fourierschützen	1	Korps-Tambour
1	Profoss	8	Offiziersburschen

Etat einer Bombardierkompanie			
1	Hauptmann	1	Ober-Lieutenant
2	Unter-Lieutenants	6	K.K. Kadetten
24	Oberfeuerwerkmeister	30	Feuerwerkmeister
1	Fourier	1	Fourierschütze
3	Offiziersburschen	2	Tambours
		120	Bombardiere

Das Artillerie-Handlangerkorps, welches die Soldaten stellte, die beim Bewegen und Richten der Geschütze Unterstützung leisteten, war vier Divisionen zu je zwei Kompanien stark. Während sich der Stab in Wien befand, waren die acht Kompanien auf die Standorte der vier Artillerieregimenter aufgeteilt. Laut Stärkemeldung vom 10. August 1811 (dem sogenannten „Standes-Ausweis") kann folgende Organisation angenommen werden:

Stab des Artillerie-Handlangerkorps			
1	Stabsoffizier als Kommandeur	1	Korps-Rechnungsführer
8	Fouriere	1	Fourierschütze
1	Korps-Feldarzt	4	Unterärzte
1	Adjutant	3	Offiziersburschen

Österreichische Artillerie und Kavallerie im Gefecht bei Neumarkt am 24. April 1809
Ausschnitt eines zeitgenössischen, naiven Gemäldes, Exponat der Ausstellung zum Feldzug von 1809 im Bayerischen Armeemuseum Ingolstadt, Fotografie Markus Stein.

Stab einer Artillerie-Handlanger-Kompanie			
1	Hauptmann	1	Ober-Lieutenant
1	Unter-Lieutenant	1	Feldwebel
2	Tambours	1	Fourierschütze
2	Offiziersburschen	11	Corporals

Die genaue Anzahl der Gemeinen pro Kompanie ist unbekannt.

Uniformen der österreichischen Artillerie 1800–1809

Kaiserlich Königliche Artillerie
Tafel aus der Uniformserie „Charackteristische Darstellung der vorzüglichsten Europäischen Militairs“, erschienen in Augsburg zwischen 1802 und 1810.

Aufbau der österreichischen Artillerie im Jahr 1809

K.K. Artilleriedirektion

Kommandant: FML Erzherzog Maximilian von Österreich-Este (danach Graf Colloredo)

K.K. Böhmisches Artillerieregiment Nr. 1 (FZM Baron Franz Schuhay)

Rekrutierungsgebiet: Böhmen
Kommandeur: Oberst (später GM) August Swrtnik; nach der Schlacht bei Aspern Oberst-Lieutenant Baron Carl Fasching
Drei Kompanien beim II. Korps, weitere zwei, später (noch vor Aspern) drei Kompanien im I. Korps.
Vor der Schlacht bei Wagram: Drei Kompanien beim VII. Korps; Teile in der Armee Innerösterreichs.

K.K. Niederösterreichisches Feldartillerieregiment Nr. 2 (FZM Erzherzog Maximilian Joseph d'Este)

Rekrutierungsgebiete: Böhmen, Niederösterreich, Salzburg
Kommandeur: Oberst Wenzel von Frierenberger
Vor der Schlacht bei Aspern: 2 Kompanien bei der Hauptarmee, 6 Kompanien bei der Armee Innerösterreichs, je 1 Kompanie in Tirol und der ungarischen Insurrektion unterstellt; 3 weitere Kompanien als Kriegsgefangene in Wien interniert; 2 Kompanien im Artilleriedepot Pest, 1 Kompanie im Artilleriedepot Graz, später 4, dann 5 Kompanien in Prag. 3 Kompanien abkommandiert, 2 weitere Kompanien in Theresienstadt.
Vor der Schlacht bei Wagram: 2 Kompanien beim Hauptheer, 7 Kompanien bei der Armee Innerösterreichs, je 1 Kompanie in Pest, Komorn und Esseg; 1 Kompanie bei der ungarischen Insurrektion.

K.K. Mährisches Feldartillerieregiment Nr. 3 (FZM Carl von Rouvroy)

Rekrutierungsgebiet: Mähren
Kommandeur: Oberst Friedrich Funk von Senftenau
15 Kompanien bei der Hauptarmee, 1 Kompanie im VII. Korps.

K.K. Innerösterreichisches Feldartillerieregiment Nr. 4

(FML, später FZM Baron Leopold Unterberger)
Rekrutierungsgebiet: Innerösterreich, Illyrien (Slowenien)
Kommandeur: Oberst Prokop Sonntag von Sonnenschein, danach Oberst-Lieutenant Baron Joseph Russo von Aspernbrand
Das Regiment befand sich größtenteils beim Hauptheer, Teile waren in Pest, Komorn und Olmütz.

Die Feldartillerie im Krieg

Brigadebatterien wurden den Infanterie- (Drei- und Sechspfünder) und Kavalleriebrigaden beigegeben (Sechspfünder und Haubitzen).
Bei den Positions- bzw. Unterstützungsbatterien handelte es sich um schwere Batterien aus Sechs- und Zwölfpfündern und Haubitzen auf Korpsebene.
Die Korps-Artilleriereserve zerfiel in die sogenannte Hauptreserve und die Schwere Reserve. Am Ende des Feldzuges von 1809 war auch eine gemeinsame Artilleriereserve („Reserve-Artillerie Armée Geschütze") entstanden, deren Positionsbatterien den Infanteriedivisionen zugeteilt waren.
Die Garnisonartillerie lag in den Festungen und städtischen Hauptquartieren.

K.K. Bombardierkorps

(Artillerietechniker mit ballistischer Spezialausbildung)
Kommandeur: Oberst Joseph Smola
Rekrutierungsgebiet: Rekrutierungsbezirke der „deutschen" Infanterieregimenter
Teilweise in der Hauptarmee, zum Teil in der Armee Innerösterreichs eingesetzt.

K.K. Feldzeugamt

Kommandeur: Major, später Oberst Adolph Geiger

K.K. Artillerie-Handlangerkorps

Kommandeur: Oberst-Lieutenant Carl Friedrich Maresch von Marsfeld
Das Korps hatte im Frieden mit 1 179 Mann in acht Kompanien Bataillonsstärke, wurde im Krieg jedoch auf insgesamt acht Bataillone aufgestockt. Diese Soldaten ersetzten die Handlanger, die von den Infanterieregimentern zum Dienst an den Geschützen abgestellt worden waren und diese auf dem Schlachtfeld von Hand bewegten. Wie diese Infanteristen besaßen die Artillerie-Handlanger keine artilleristische Spezialausbildung, sondern leisteten rein manuelle Dienste. Hatte es im Jahr 1808 lediglich acht Kompanien gegeben, so belief sich deren Anzahl im Jahr 1814 bereits auf 30, kurz darauf sogar auf 33 Kompanien.

Garnisonsartillerie

Nach „Distrikten" organisiert: Österreich, Siebenbürgen, Kroatien, Slawonien, Mähren, Banat, Ungarn, Böhmen, Innerösterreich, Galizien.

K.K. Österreichische Garnisonsartillerie

(Distrikt Wien)
Kommandeur: Major, später Oberst-Lieutenant Lorenz Zierwurz
Rekrutierung: Aus K.K. Feldartillerieregiment Nr. 2

K.K. Galizische Garnisonsartillerie

(Bezirke Lemberg, Brody, Zamość/Stanislau)
Kommandeur: Major Andreas Niemetz von Elbenstein
Rekrutierungsgebiet: Galizien

K.K. Siebenbürgische Garnisonsartillerie

Hauptquartier: Carlsburg; weitere Garnisonen in Kronstadt, Hermannstadt, Klausenburg
Kommandeur: Major Johann Adam
Rekrutierungsgebiet: Siebenbürgen

K.K. Kroatische Garnisonsartillerie

Hauptquartier: Carlstadt; weitere Garnisonen in Carlopago, Zengg, Porto Ré, Ogulin, Warasdin-Kreuz, Warasdin-St. Georgen, Belovar, Ivanisch
Kommandeur: Major Franz Bion
Rekrutierungsgebiet: Kroatien

K.K. Slawonische Garnisonsartillerie

Hauptquartier: Peterwardein; weitere Garnisonen in Esseg, Brod, Gradiska
Kommandeur: Major Carl Ledent, später Oberst-Lieutenant Ignaz Kaisergruber von Steilenberg
Rekrutierungsgebiet: Slawonien

K.K. Mährische Garnisonsartillerie

Hauptquartier: Olmütz; weitere Garnisonen in Teschen, Freiwaldau, Brünn
Kommandeur: Oberst Peter Dietrich von Hermannsberg
Rekrutierungsgebiet: Mähren

K.K. Banater Garnisonsartillerie

Hauptquartier: Temesvár; weitere Garnisonen in Arad, Alibovar
Kommandeur: Oberst-Lieutenant Joseph Kalmünzer
Rekrutierungsgebiet: Banat

K.K. Ungarische Garnisonsartillerie

Hauptquartier: Ofen; weitere Garnisonen in Pressburg, Huszt-Ungvár, Muran, Kaschau, Neusohl; Nágy Bánya, Ungarisch-Altenburg
Kommandeur: Franz von Tihavsky
Rekrutierungsgebiet: Ungarn

K.K. Böhmische Garnisonsartillerie

Hauptquartier: Prag; weitere Garnisonen in Königgrätz, Josephstadt (Pleß), Theresienstadt
Kommandeur: Oberst Carl von Strauss
Rekrutierungsgebiet: Böhmen
Drei weitere Festungsartilleriekompanien in Königgrätz, Josephstadt und Theresienstadt.

K.K. Innerösterreichische Garnisonsartillerie

Hauptquartier: Graz; weitere Garnisonen in St. Veith, Triest, Görtschach, Pulverstation (Pulvermagazin) Laibach
Kommandeur: Major, später Oberst-Lieutenant Baron Ferdinand Kulmer
Rekrutierungsgebiet: Innerösterreich

Kaiserlich-königliche Hauptarmee

(auch: „Armée Erzherzog Karl", oder „Deutsche Armée")

Vor der Schlacht bei Aspern:
2 Kompanien K.K. Feldartillerieregiment Nr. 2
15 Kompanien K.K. Feldartillerieregiment Nr. 3
14 Kompanien K.K. Feldartillerieregiment Nr. 4
1 Batterie Zwölfpfünder
Bei Aspern: unter Smola.
Vor der Schlacht bei Wagram: 2 Kompanien K.K. Feldartillerieregiment Nr. 2 in der Schanzenbatterie Nr. 16 bei Lobau.
In der Schlacht bei Wagram: In der Lobauer Schanze 1 Batterie Zwölfpfünder (Batterie Löffler);
4. Regiment (Batterie Christ); 3. Regiment: 1 Batterie Zwölfpfünder.
Nach Wagram: Kavalleriebatterie Löffler (2. Regiment).

Avantgarde der Hauptarmee:

Vor der Schlacht bei Aspern: Division Klenau; Brigade Hardegg: 1 Kavalleriebatterie.
Bei Wagram: Division Nordmann; Brigade Riese: 1 Brigadebatterie Sechspfünder; Brigade Mayer: 1 Brigadebatterie Sechspfünder (14 Geschütze); Brigade Peter Vecsey: 1 Kavalleriebatterie Sechspfünder; Brigade Frehlich: 1 Kavalleriebatterie Sechspfünder; Brigade Schneller: Artillerie-Reserve, 1 Positionsbatterie.

I. Korps
(Bellegarde)

Kommandeur der Artillerie: Oberst Swrtnik (s. auch K.K. Feldartillerie Regiment Nr. 1)
Vor der Schlacht bei Aspern: 3. Kompanie K.K. Feldartillerie Regiment Nr. 1; abkommandierte Bombardiere und ein Détachement des Feldzeugamtes.
Division Vogelsang, Brigade Henneberg: 1½ Brigadebatterien (Sechspfünder); Brigade Am Ende: 1 Brigadebatterie Sechspfünder, 1 Positionsbatterie (Sechspfünder).
Division Ulm, Brigade Vacquant: 1 Brigadebatterie (Sechspfünder); Division Fresnel, Brigade Winzingerode: 1 Kavalleriebatterie; Brigade Nostitz: 1 Batterie (Dreipfünder).
Artillerie-Reservekorps: 2 Positionsbatterien (Zwölfpfünder), 1 Positionsbatterie (Sechspfünder).
Bei Aspern:
Division Dedovich, Brigade Henneberg: 1 Brigadebatterie; Brigade Wacquant: 1 Brigadebatterie.

Artillerieunteroffizier im Oberrock, Kanonier und Fahrer des Fuhrwesenkorps, 1809 (Ottenfeld)

Division Fresnel, Brigade Clary: 1 Brigadebatterie; Brigade Lützel: 1 Brigadebatterie; Brigade Stutterheim: 1 Kavalleriebatterie.
Artillerie-Reservekorps: 1 Positionsbatterie (Zwölfpfünder), 1 Positionsbatterie (Sechspfünder); 2 Kavalleriebatterien.
Bei Wagram:
Division Dedovich, Brigade Henneberg: 1 Brigadebatterie (Sechspfünder); Brigade Wacquant: 1 Brigadebatterie (Sechspfünder).
Division Fresnel, Brigade Clary: 1 Brigadebatterie (Sechspfünder), 1 Positionsbatterie (Sechspfünder); Brigade Motzen: 1 Brigadebatterie (Sechspfünder), Brigade Stutterheim: 1 Brigadebatterie (Sechspfünder), 1 Positionsbatterie (Sechspfünder).
Artillerie-Reservekorps: 2 Positionsbatterien (Zwölfpfünder), 1 Positionsbatterie (Sechspfünder), 2 Kavalleriebatterien.
Nach der Schlacht bei Wagram: 2 Sechspfünder (Löffler); 1 Positionsbatterie (Zwölfpfünder); 1 Kavalleriebatterie; 1 zusätzliches zwölfpfündiges Geschütz.

II. Korps

(Kolowrat, Hohenzollern)
Artilleriekommandeur: Major Pfeller (K.K. Feldartillerie Regiment Nr. 2)
Vor der Schlacht bei Aspern: 3 Kompanien K.K. Feldartillerie Regiment Nr. 1; Abkommandierte Bombardiere und 1 Détachement des Feldzeugamtes.
Division Weber, Brigade Wied-Runkel: 1 Brigadebatterie (Sechspfünder), 1 Positionsbatterie (Sechspfünder).
Division Klenau, Brigade Vécsey: 1 Brigadebatterie (Dreipfünder); Brigade Crenneville: 1 Kavalleriebatterie (Sechspfünder).
Division Brady, Brigade Fölseis: 1 Brigadebatterie (Sechspfünder), 1 Positionsbatterie (Sechspfünder); Brigade Greifenbach: 1 Brigadebatterie (Sechspfünder).
Artillerie-Reservekorps (in der Division Brady): 2 Positionsbatterien (Zwölfpfünder), 1 Positionsbatterie (Sechspfünder).
Bei Aspern:
Division Klenau: 1 Kavalleriebatterie (Dreipfünder).
Division Brady, Brigade Buresch: 1 Brigadebatterie (Sechspfünder); Brigade Paar: 1 Brigadebatterie (Sechspfünder).
Division Ulm, Brigade Altstern: 1 Brigadebatterie (Sechspfünder); Brigade Wied-Runkel: 1 Brigadebatterie (Sechspfünder); Brigade Mayer: 1 Kavalleriebatterie (Sechspfünder).
Artillerie-Reservekorps (in der Division Ulm): 1 Positionsbatterie (Zwölfpfünder), 1 Positionsbatterie (Sechspfünder).
Bei Wagram:
Brigade Hardegg: 1 Brigadebatterie.
Division Brady, Brigade Buresch: 1 Brigadebatterie (Sechspfünder), 1 Positionsbatterie (Sechspfünder); Brigade Paar: 1 Brigadebatterie (Sechspfünder).
Division Ulm, Brigade Altstern: 1 Positionsbatterie (Sechspfünder); 1 weitere Brigade: 1 Positionsbatterie (Sechspfünder).
Division Siegenthal: 1 Kavalleriebatterie; Brigade Altstern: 1 Brigadebatterie; Brigade Wied-Runkel: 1 Brigadebatterie.
Artillerie-Reservekorps: 2 Positionsbatterien (Zwölfpfünder), 1 Positionsbatterie (Sechspfünder); 4 weitere Positionsbatterien, 1 Kavalleriebatterie.
Nach der Schlacht bei Wagram: Division Ulm, Brigade Hardegg: 1 Kavalleriebatterie.

III. Korps

(Hohenzollern, Kolowrat)
Artilleriekommandeur: Oberst Joseph Smola (Bombardierkorps)
Vor der Schlacht bei Aspern: 4 Kompanien K.K. Feldartillerie Regiment Nr. 3, abkommandierte Bombardiere, Détachement des Feldzeugamtes.
Division Lusignan: 1 Brigadebatterie; Brigade Thierry: 1 Brigadebatterie (Sechspfünder), 1 Positionsbatterie (Zwölfpfünder), 1 Kavalleriebatterie, ½ Positionsbatterie (Zwölfpfünder), ½ Positions- oder Brigadebatterie; Brigade Kayser: 1 Brigadebatterie (Sechspfünder).
Division Vukassovich: 1 Kavalleriebatterie, 4 weitere Batterien unbekannten Kalibers; Brigade Pfanzelter: 1 Kavalleriebatterie (Dreipfünder).
Division St. Julien: 2 Batterien; Brigade A. Liechtenstein: 1 Kavalleriebatterie, 1 Brigadebatterie (Dreipfünder), 1 Brigadebatterie (Sechspfünder). Brigade Bieber: 1 Brigadebatterie (Sechspfünder), 1 Positionsbatterie (Sechspfünder).
Artillerie-Reservekorps: 4 Positionsbatterien (Zwölfpfünder), 1½ Positionsbatterien (Sechspfünder), 1 Brigadebatterie (Sechspfünder).
Bei Wagram:
Brigade Schmuttermayer: 1 Batterie.
Division St. Julien, Brigade Lilienberg: 1 Brigadebatterie (Sechspfünder); Brigade Bieber: 1 Brigadebatterie (Sechspfünder), 1 Positionsbatterie (Sechspfünder).
Division Vukassovich: 1 Positionsbatterie (Zwölfpfünder); Brigade Grill: 1 Brigadebatterie (Sechspfünder); Brigade Wratislaw: 1 Brigadebatterie (Dreipfünder); Brigade Schneller: 1 Kavalleriebatterie (Sechspfünder), 1 Positionsbatterie (Sechspfünder).
Artillerie-Reservekorps: 2 Positionsbatterien (Zwölfpfünder), 4 weitere Positionsbatterien unbekannten Kalibers.

IV. Korps

(Rosenberg)
Artilleriekommandeur: Oberst-Lieutenant (später Oberst) Künigl
Vor der Schlacht bei Aspern: 3 Kompanien K.K. Feldartillerie Regiment Nr. 3, Détachements des Bombardierkorps und des Feldzeugamtes.

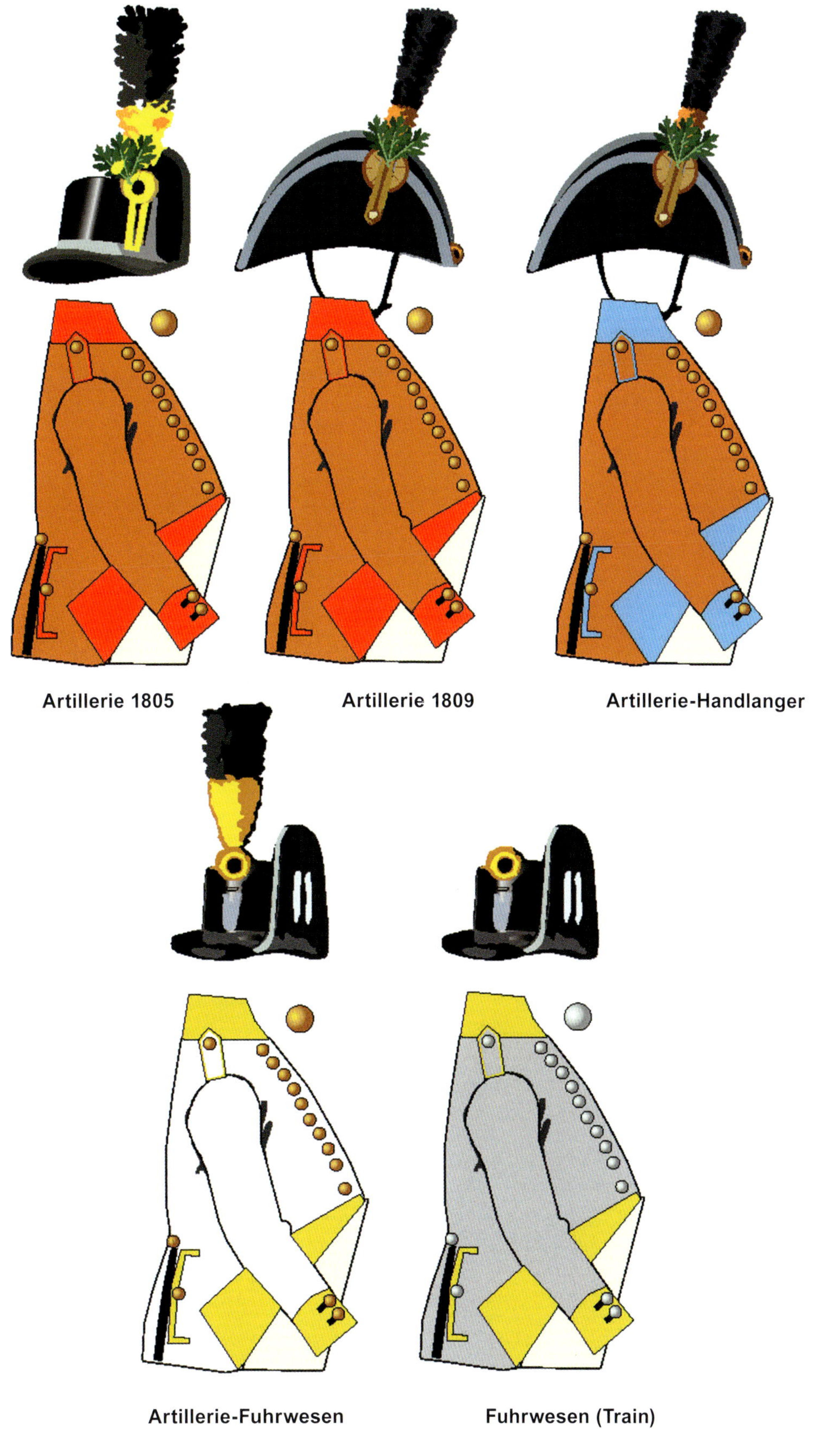

Uniformen der Artillerie und des Fuhrwesens 1805–1809

Division Bartenstein, Brigade Waldegg: 1 Brigadebatterie (Sechspfünder); Brigade Riese: 1 Brigadebatterie (Sechspfünder).
Division Dedovich, Brigade Waldegg: 1 Brigadebatterie (Sechspfünder), 1½ Positionsbatterien (Sechspfünder); Brigade Neustädter: 2 Brigadebatterien (Sechspfünder), 1 Positionsbatterie (Sechspfünder); Brigade Grill: 1 Brigadebatterie (Sechspfünder).
Division Sommariva, Brigade Radivojevich: 1 Kavalleriebatterie; Brigade Stutterheim: 1 Kavalleriebatterie, 1 Brigadebatterie (Dreipfünder); Brigade P. Vécsey: 1 Brigadebatterie.
Artillerie-Reservekorps: 2 Positionsbatterien (Zwölfpfünder), 1 Kavalleriebatterie.
Bei Aspern:
Division Klenau (Avantgarde): 1 Kavalleriebatterie.
Division Dedovich: Keine Angaben.
Division Hohenlohe, Brigade Hessen-Homburg: 1 Brigadebatterie (Sechspfünder); Brigade Neustädter: 1 Brigadebatterie (Sechspfünder).
Division Rohan, Brigade Riese: 1 Brigadebatterie (Sechspfünder); Brigade Swinburne: 1 Brigadebatterie (Sechspfünder); Brigade Grätze: 1 Kavalleriebatterie (Sechspfünder).
Artillerie-Reservekorps: 1 Positionsbatterie (Sechspfünder); 1 Positionsbatterie (Zwölfpfünder).
Bei Wagram:
Division Radetzky: 1 Kavalleriebatterie und 1 weiterer Dreipfünder; 1 Positionsbatterie; Brigade Weiss: 1 Brigadebatterie (Sechspfünder) sowie 8 weitere Geschütze; Brigade Provenchères: 1 Positionsbatterie (Zwölfpfünder).
Division Bartenstein, Brigade Hessen-Homburg: 1 Brigadebatterie (Sechspfünder).
Division Rohan, Brigade Swinburne: 1 Brigadebatterie (Sechspfünder), 1 Positionsbatterie (Sechspfünder).
Artillerie-Reservekorps: 2 Positionsbatterien (Zwölfpfünder), 4 Positionsbatterien, 1 Kavalleriebatterie.
Nach Wagram:
Division Radetzky: 1 Kavalleriebatterie.

V. Korps

(Erzherzog Ludwig, Reuss-Plauen)

Artilleriekommandeur: Major Pfefferkorn (K.K. Feldartillerie Regiment Nr. 1)
Vor der Schlacht bei Aspern:
3 Kompanien K.K. Feldartillerie Regiment Nr. 3, Détachements des Bombardierkorps und des Feldzeugamtes.
Division Schustekh, Brigade Radetzky: 1½ Kavalleriebatterien; Brigade Mesko: 1 Brigadebatterie (Dreipfünder).
Division Reuss-Plauen, Brigade Rothacker: 1 Brigadebatterie (Sechspfünder); Brigade Frühauf: 1 Brigadebatterie; Brigade Bianchi: 1 Brigadebatterie (Sechspfünder).
Division Lindenau, Brigade Berenburg: 1 Brigadebatterie (Sechspfünder); Brigade Mayer: 1 Brigadebatterie (Sechspfünder).
Artillerie-Reservekorps (Artilleriebrigade Fasching): 3 Positionsbatterien (Zwölfpfünder), 1½ Kavalleriebatterien, 1 Batterie Dreipfünder.

VI. Korps

(Hiller, danach Klenau)

Artilleriekommandeur: FML Rouvroy, dann Oberst-Lieutenant Carl Fasching (K.K. Feldartillerie Regiment Nr. 4).
Vor der Schlacht bei Aspern: 14 Batterien; Division Vincent: 1 Positionsbatterie (Sechspfünder); 1 weitere Batterie.
Bei Aspern:
1 Positionsbatterie (Zwölfpfünder), 1 Positionsbatterie (Sechspfünder), 2 Kavalleriebatterien.
Bei Wagram:
1 Positionsbatterie (Zwölfpfünder); 1 Positionsbatterie (Sechspfünder), 6 Brigadebatterien, 4½ Positionsbatterien.

I. Reservekorps

(Liechtenstein)

Artilleriekommandeur: Major Nesslinger (K.K. Feldartillerie Regiment Nr. 3)
Vor der Schlacht bei Aspern: 1 Kompanie K.K. Feldartillerie Regiment. Nr. 4; abkommandierte Soldaten des Bombardierkorps und des Feldzeugamtes.
Division Hessen-Homburg, Brigade Lederer: 1 Kavalleriebatterie; Brigade Rottermund: 1 Kavalleriebatterie; Brigade Siegenthal: 1 Kavalleriebatterie; Brigade Rohan: 2 Brigadebatterien (Sechspfünder).

II. Reservekorps

(Kienmayer)

Vor der Schlacht bei Aspern: 2 Kompanien K.K. Feldartillerie Regiment Nr. 3; abkommandierte Bombardiere und Détachement des Feldzeugamtes.
Brigade D'Aspre: 1 Brigadebatterie (Sechspfünder); Brigade Clary: 1 Kavalleriebatterie; Brigade Schneller: 1 Kavalleriebatterie.

Kavalleriereserve

Bei Aspern:
Division Kienmayer, Brigade P. Vécsey: 3 Kavalleriebatterien; Brigade Provenchères: 1 Kavalleriebatterie; Brigade Rottermund: 1 Kavalleriebatterie; Brigade Wartensleben: 1 Kavalleriebatterie; Brigade Clary: 1 Kavalleriebatterie.
Division Hessen-Homburg, Brigade Kroyher: 2 Kavalleriebatterien (Sechspfünder); Brigade Lederer: 2 Kavalleriebatterien (Sechspfünder); Brigade D'Hurbal: 2 Kavalleriebatterien (Sechspfünder).

Kanonier und Artillerieoffizier 1809 (Ottenfeld)

Division Schwarzenberg, Brigade Teimern: 1 Kavalleriebatterie, 12 Geschütze; Brigade Rothkirch: 1 Kavalleriebatterie; Brigade Wartensleben: 2 Kavalleriebatterien, 6 Geschütze.

Reserve des Grenadierkorps

Bei Aspern:
Division D'Aspre, Brigaden Hammer und Merville: 1 Brigadebatterie (Sechspfünder).
Division Prohaszka, Brigaden Murray und Steyrer: 1 Brigadebatterie (Sechspfünder).
Bei Wagram:
Division D'Aspre, Brigade Merville 1 Brigadebatterie (Sechspfünder); Brigade Hammer: 1 Brigadebatterie (Sechspfünder); 1 Brigadebatterie (Dreipfünder), 1 weitere Brigadebatterie (Kaliber unbekannt).
Division Prohaszka: Brigade Murray: 1 Brigadebatterie (Dreipfünder); Brigade Steyrer: 1 Brigadebatterie (Sechspfünder); 1 Brigadebatterie (Dreipfünder); 1 weitere Brigadebatterie.
Nach der Schlacht bei Wagram: Brigade Steyrer: 1 Brigadebatterie.

Armee Innerösterreichs (Erzherzog Johann)

Vor Aspern: 6 Kompanien K.K. Feldartillerie Regiment Nr. 2.
Vor Wagram: 2 Kompanien K.K. Feldartillerie Regiment Nr. 2; 1 Brigadebatterie (Sechspfünder), 1 Kavalleriebatterie; 1 Positionsbatterie (Sechspfünder); 3 weitere Kavalleriebatterien; 1 Brigadebatterie (Dreipfünder); 1 weitere Brigadebatterie (Sechspfünder); 1 weitere Positionsbatterie (Sechspfünder); 1 Positionsbatterie (Zwölfpfünder).

VIII. Korps

(Marquis de Chasteler, danach Albert Gyulai)
Artilleriekommandeur: Major Fasching (K.K. Feldartillerie Regiment Nr. 2)
Vor der Schlacht bei Aspern: je 1 Kompanie K.K. Feldartillerie Regiment Nr. 2 und 3; ½ Kompanie K.K. Feldartillerie Regiment Nr. 1; abgeordnete Détachements des Bombardierkorps und des Feldzeugamtes.
Division Frimont: 1 Kavalleriebatterie; Brigade Gajoli: 1 Batterie (Zehnpfünder), 2 Haubitzen; Brigade Wetzel: ½ Batterie; Brigade Schmidt und Brigade Tomasich: keine Angaben.
Division Albert Gyulai, Brigade Schmidt: 1 Brigadebatterie (Dreipfünder).
Artillerie-Reservedivision Colloredo: 3 Kavalleriebatterien.

Korps Chasteler

(Tirol):
2 Sechspfünder, 1 Kavalleriebatterie (Dreipfünder).
Brigade Buol: 3 bayerische Sechspfünder, 6 Dreipfünder, 3 Sechspfünder, 1 Bergkanone.
Brigade Fenner: 2 Dreipfünder, ½ Batterie Sechspfünder.
Brigade Marschall: ½ Brigadebatterie, 1 Positionsbatterie, 2 Dreipfünder.
Brigade Schmidt: 4 Dreipfünder.
1 Dreipfünder bei Gruppe Göldlin; 1 Geschütz und 2 Haubitzen in der Gruppe Leiningen; 4 bayerische Sechspfünder, 2 Haubitzen und 2 weitere Geschütze in der Gruppe Reissenfels; 3 Kavalleriegeschütze und 2 Dreipfünder in der Gruppe Seppenburg; 1 Dreipfünder in der Gruppe Frimerson; 1 Dreipfünder und 1 Sechspfünder in der Gruppe Taxis.
Vor der Schlacht bei Wagram: Division Frimont: 1 Kavalleriebatterie.

IX. Korps

(Gyulai):
Vor der Schlacht bei Aspern:
½ Kavalleriebatterie, 1 Positionsbatterie; 6 Brigadebatterien (Dreipfünder), 1 Brigadebatterie (Sechspfünder), 2 Positionsbatterien (Sechspfünder), 1 Positionsbatterie (Zwölfpfünder), Kavalleriegeschütze, oder auch 3 Brigadebatterien (Dreipfünder), 3 Positionsbatterien (Sechspfünder), 1 Positionsbatterie (Zwölfpfünder), 2 Kavalleriebatterien.
4 Dreipfünder unter Cazzan; 8 Dreipfünder unter Collenbach; 2 Dreipfünder unter Lodron (II. Villacher Landwehrbataillon); 1 Kavalleriebatterie Haubitzen unter Reisner.
Vor der Schlacht bei Wagram:
1 Zwölfpfünder, 1 Brigadebatterie (Sechspfünder), 2 Positionsbatterien (Sechspfünder), 1 Positionsbatterie (Zwölfpfünder) in Pressburg; ½ Brigadebatterie in der Brigade Gyurkovich; 2 Geschütze unter Siegenfeld.

VII. Korps

(Erzherzog Ferdinand; auch „Galizische Armée“)
Artilleriekommandeur: Oberst Gillet
Vor der Schlacht bei Aspern: 2 Kompanien K.K. Feldartillerie Regiment Nr. 1 (in Galizien ausgebildet), ergänzt durch Offiziere und Mannschaften des K.K. Feldartillerie Regiment Nr. 3. Abkommandierte Bombardiere sowie Soldaten des Feldzeugamtes.
2 Brigadebatterien (Sechspfünder), 2 Positionsbatterien (Sechspfünder), 1 Positionsbatterie (Zwölfpfünder), 2 Kavalleriebatterien.

Artillerie in den Garnisonen und Festungen

Vor der Schlacht bei Aspern:
3 Kompanien K.K. Feldartillerie Regiment Nr. 2 in Wien.
2 Kompanien K.K. Feldartillerie Regiment Nr. 2 in Pest.
4–5 Kompanien K.K. Feldartillerie Regiment Nr. 1 in Prag.
2–3 Kompanien K.K. Feldartillerie Regiment Nr. 1 in Theresienstadt.
10 Geschütze in Malborghet; 10 Geschütze und 1 Haubitze in Predil.
10 Geschütze auf dem Grazer Schlossberg, davon 4 Zwölfpfünder.
Vor der Schlacht bei Wagram:
1 Kompanie K.K. Feldartillerie Regiment Nr. 1 in Komorn.
1 Kompanie K.K. Feldartillerie Regiment Nr. 2 in Esseg.
4 Zwölfpfünder, 4 Sechspfünder, 4 Dreipfünder, 4 Haubitzen auf dem Grazer Schlossberg.
Nach der Schlacht bei Wagram:
1 Positionsbatterie auf dem Grazer Schlossberg.

Ungarische Insurrektion

Vor der Schlacht bei Aspern:
1 Kompanie K.K. Feldartillerie Regiment Nr. 2,
Teile von K.K. Feldartillerie Regiment Nr. 1.
Vor der Schlacht bei Wagram:
1 Kavalleriebatterie unter Mesko.

Korse-Hut der Artillerie
Aus dem in einer Auflage von 400 Exemplaren veröffentlichten Prachtwerk „Erzherzog Karl – Der Feldherr und seine Armee“, Wien 1913.
(Sammlung Markus Stein)

Siebenpfündige Kavalleriehaubitze mit Protze
Originalzeichnung aus dem ehemaligen Artilleriehauptzeugamt, aus dem in einer Auflage von 400 Exemplaren veröffentlichten Prachtwerk „Erzherzog Karl – Der Feldherr und seine Armee“, Wien 1913.
(Sammlung Markus Stein)

Ordre de Bataille der Österreichischen Artillerie bei Wagram

III. Korps (Johann Graf Kolowrat-Krakowsky)
(Leichte) Division
Kavalleriebrigade
Kavalleriebatterie
Infanteriedivision
Grenz-Brigadebatterie
Infanteriebrigade
IX. Brigadebatterie
Linieninfanteriedivision
XI. Batterie
Infanteriebrigade
XII. Brigadebatterie
VIII. Positionsbatterie
Artilleriereserve
X. Positionsbatterie
XI. Positionsbatterie
LIV. Positionsbatterie
LV. Positionsbatterie

IV. Korps (Franz Fürst Rosenberg-Orsini)
(Leichte) Division
Leichte Brigade
III. Batterie
Infanteriebrigade
XXV. Brigadebatterie
Linieninfanteriedivision
Infanteriebrigade
XIV. Brigadebatterie
XIII. Positionsbatterie
Artilleriereserve
XV. Positionsbatterie
XVI. Positionsbatterie
XVII. Positionsbatterie
XVIII. Positionsbatterie

Grenadierkorps (Johannes Fürst zu Liechtenstein)
Grenadierdivision
Grenadierbrigade
LII. Brigadebatterie
Grenadierbrigade
LIV. Brigadebatterie
Grenadierbrigade
III. Brigadebatterie
XVII. Brigadebatterie

Zwölfpfündige Feldkanone
Originalzeichnung aus dem ehemaligen Artilleriehauptzeugamt, aus dem in einer Auflage von 400 Exemplaren veröffentlichten Prachtwerk „Erzherzog Karl – Der Feldherr und seine Armee“, Wien 1913.
(Sammlung Markus Stein)

DIE ÜBRIGEN TRUPPENGATTUNGEN DES K.K. HEERES IM JAHR 1809

Ingenieurkorps

General-Genie-Direktor: GdK Erzherzog Johann (Wien)
Ingenieur-Feldmarschall-Lieutenants:
Marquis Johann Chasteler de Courcelles (Graz)
Baron Anton von Szereday (Prag)
Baron Joseph Froon von Kirchrath (Wien)
Baron Thierry de Vaux (Wien)

Ursprünglich war das K.K. Ingenieurkorps der Artillerie zugeordnet. Es bestand aus 12 800 Mann in 4 Regimentern sowie 4 Kompanien Artilleriefüsiliere (Handlanger); hinzu kamen an technischen Truppen 4 Kompanien Mineure, 3 Kompanien Sappeure, 2 Bombardierkompanien und 1 Bataillon Pontoniere (nicht identisch mit den Tschaikisten). Vervollständigt wurde das Korps von 200 Ingenieuroffizieren, was eine Gesamtzahl von 15 994 Mann ergab.

Ende 1807 umfassten die sogenannten „Verschiedenen Branchen“ des K.K. Heeres:

1. Den General-Genie-Direktor mit Sitz in Wien und 4 Ingenieurkorps, jeweils kommandiert von 1 Feldmarschall-Lieutenant, 1 Generalmajor, 1 oder 2 Obersten, 2 Oberst-Lieutenants, 3 Majoren, 16 Hauptleuten und 12 Leutnants.

2. Das Mineurkorps, bestehend aus 1 Oberst, 1 Oberst-Lieutenant, 1 Major, 8 Hauptleuten, 4 Leutnants, 4 Secondeleutnants, 1 Adjutanten sowie 4 Kompanien Mineuren zu je 100 Mann.

3. Den Generalquartiermeisterstab unter GM Mayer mit 4 Obersten, 6 Oberst-Lieutenants, 14 Majoren, 23 Hauptleuten und 13 Leutnants, die auf verschiedene Standorte verteilt, Dienst taten, so u. a. in den befestigten Städten und Festungen.

4. Das Pontonierkorps, bestehend aus 1 Bataillon mit 1 Oberst, 5 Hauptleuten, 6 Premier-Leutnants, 6 Secondeleutnants, 11 Oberbrückenmeistern und 6 Kompanien zu je 100 Pontonieren.

5. Das Militär-Fuhrwesenkorps mit 1 Oberst, 1 Oberst-Lieutenant, 1 Major, 6 Premier-Rittmeistern, 9 Seconderittmeistern, 26 Premier-Leutnants, 34 Secondeleutnants und 11 Adjutanten, die auf verschiedene Standorte der Monarchie verteilt waren.

6. Das sogenannte Remontierungs- und Beschälwesen mit 2 Obersten, 2 Oberst-Lieutenants, 2 Majoren und 3 Rittmeistern (die doppelte Anzahl der Stabsoffiziere erklärt sich aus dem Umstand, dass es je einen Zweig gab, der für den „deutschen“ und den „ungarischen“ Reichsteil zuständig war). Standorte waren Mezőhegyes, Waskowitz, Brandeis, Olmütz, Kolnitz, Wien und Wels.

7. Das Kriegskommissariat (Versorgungswesen) mit 22 Oberkriegskommissären, 72 Feld-Kriegskommissären, und 74 Kriegskommissären an verschiedenen Standorten.

8. Militär-Ökonomie-Kommissionen und Depots befanden sich in Stockerau, Prag, Alt-Ofen, Brünn, Podgorze, Jaroslaw, Marburg, Karlsburg und Wien, ein jedes Depot verwaltet von 1 Stabsoffizier, 1 Hauptmann und 2 Leutnants.

K.K. Mineurkorps

Hauptquartier	Josephstadt, nach dem Feldzug 1809 Hainburg
Kommandeur	Oberst Andreas von Martonitz, danach Oberst-Lieutenant Stephan von Halouzier
Stellv. Kommandeur	Oberst-Lieutenant Baron André Chastel

Was Rekrutierungsvorgaben und Aufgabenfelder der Mineure betraf, waren diese weitgehend mit denen des Sappeurkorps identisch, allerdings wurde bei den Mineuren kein großes Gewicht auf die Körpergröße des Rekruten gelegt: Laut Verordnung vom 23. Mai 1807 durften auch Männer zwischen 1,55 m und 1,57 m Größe in das Korps eintreten, wenn sie die übrigen Voraussetzungen erfüllten. Bevorzugt wurden Bergleute, Steinmetze, Zimmerleute und Schlosser rekrutiert.

Im Frieden lag der Stab zusammen mit den ersten drei Kompanien in der Festung Josephstadt, die vierte Kompanie war an verschiedenen italienischen Standorten in Garnison (Padua, Venedig, Palmanova und Treviso). Eine weitere Garnison existierte in Tirol. Im Krieg von 1805 zogen zwei Kompanien Mineure zusammen mit dem Stab nach Italien, während die beiden anderen Kompanien unter Mack in Deutschland dienten. Als ein erhöhter Bedarf an Mineuren an der italienischen Front nicht mehr durch die anwesenden Truppen gedeckt werden konnte, entschloss sich der General-Genie-Direktor, eine fünfte Kompanie aufzustellen. Somit gab es nunmehr fünf Feldkompanien zu je 124 Mineuren sowie 17 Angehörige des Stabes für insgesamt 637 Mineure. Die zusätzliche Garnisonsabteilung brachte das Korps auf eine Gesamtstärke von 722 Mann.

Im April 1809 wurde das Korps um insgesamt 150 Mineure aufgestockt (30 Mineure je Kompanie). An den Stab erging der Befehl, in zwei Kolonnen nach Hainburg zu marschieren. Bei ihrer Ankunft wurde die erste Kolonne aufgrund der veränderten militärischen Lage nach Pressburg in Marsch gesetzt, da der Feind sich inzwischen im Anmarsch auf Wien befand. Dort wurde die Ausrüstung auf Flusskähne verladen und nach Peterwardein verbracht, wo man Quartier bezog.

Der Stab blieb in Pest, um die Ankunft der zweiten Kolonne zu erwarten, die sowohl das Archiv als auch das für den Feldzug notwendige Büro- und Kartenmaterial mit sich führte. Dieses Korps hatte Befehl, Wien weiträumig zu umgehen und über Hollitsch und Tyrnau nach Pest zu marschieren.

K.K. Sappeurkorps

Hauptquartier	Bruck an der Leitha
Kommandeur	Oberst Anton von Lanfrey
Stellv. Kommandeur	Major Andreas Döree (nach 1809)

Eine neue Verordnung des Hofkriegsrates sah vor, dass das Körpermaß eines Rekruten des K.K. Sappeurkorps 1,57 Meter nicht unterschreiten sollte. Zudem musste der Rekrut bereits zwei bis drei Jahre im K.K. Heer gedient und sich bewährt haben. Daher mussten Rekruten, die vorher noch nicht gedient hatten, zunächst in einem Infanterieregiment eine Probezeit absolvieren. Wurde der Rekrut später trotzdem vom Sappeurkorps für untauglich erklärt, musste er fortan bei der Infanterie weiterdienen. Die Kosten für diese Rückversetzung von den prestigeträchtigen Sappeuren zur Infanterie hatte der Inhaber des betroffenen Regiments aus seiner eigenen Tasche zu begleichen – somit war ein Anreiz für eine solide militärische Grundausbildung des potentiellen Rekruten von Anfang an gegeben.

Zwar hatte der Hofkriegsrat im Jahr 1806 zunächst eine Reduzierung des Sappeurkorps in Friedenszeiten verfügt, doch besann man sich zwei Jahre später eines Besseren und beschloss, sowohl das Mineur- als auch das Sappeurkorps stets auf voller Mannschaftsstärke zu belassen, da die Ausbildung der Soldaten sehr zeit- und kostenaufwendig war. Hinzu kam, dass die Fertigkeiten dieser Spezialisten für die Schlagkraft der Armee im Krieg unverzichtbar waren. Alte und bewährte Sappeure und Mineure, die ihre Dienstzeit freiwillig verlängerten, wurden befördert und erhielten für jedes Jahr, welches sie länger dienten, zusätzlich drei Fl. mehr Sold.

Nach dem Krieg von 1805 wurde der Stab des Sappeurkorps nach Bruck an der Leitha verlegt. Hier durchliefen fortan auch Rekruten ihre Ausbildung. Die Zahl der Feldkompanien wurde in diesem Jahr von vier auf sechs erhöht: Die fünfte Kompanie wurde im Januar, die sechste im März 1806 aufgestellt. Im Jahr 1806 bestand das K.K. Sappeurkorps somit aus dem Stab und sechs Feldkompanien sowie einer Garnisonsdivision, die ihren Dienst an der K.K. Ingenieurs-Akademie in Wien versah.

Jede Kompanie hatte einen zweispännigen leichten Transportwagen. Hinzu kamen je Kompanie zwei weitere zweispännige Karren zum Transport der Ausrüstung und des schweren Geräts. Der Stab verfügte über einen eigenen, „Cassa“ genannten, zweispännigen Wagen, der, wie der Name andeutet, u. a. die Regimentskasse transportierte. Für weitere Ausrüstungsgegenstände und die Feldküche standen darüber hinaus Packpferde zur Verfügung. Im Kriegsfall erhielten die Sappeurkompanien die Ausrüstung von den nächstgelegenen „deutschen“ Regimentsbezirken gestellt. An Zugtieren standen ihnen 38 Pferde, 19 Fuhrknechte sowie eine Reserve von sechs Pferden samt Fuhrknechten zu. Sechs weitere Pferde samt Knechten entfielen auf die Feldküche, weitere sechs für besondere Aufgaben. Somit kam man auf insgesamt 56 Pferde und 31 Fuhrknechte bzw. Trainsoldaten.

Jede Sappeurkompanie besaß einen Proviantwagen, welcher laut Anordnung vom 15. März 1809 15 Tuchhosen, 30 Gamaschen, 30 Hemden und 50 Paar Stiefel mitzuführen hatte.

Generalquartiermeisterstab

Hauptquartier	Wien
Kommandeur	Seit 1806 GM Anton Meyer von Heldenfeld; während des Feldzuges von 1809 FML Josef Graf Radetzky
Topografisches Generalkommando	GM Xavier Richter von Birmenthal
Direktor der Territorialen Studien	GM Baron Joseph von Stutterheim

Vom Siebenjährigen Krieg bis zum Feldzug von 1859 in Italien hatte das österreichische Heer eigens ausgewiesene Stabstruppen, die sowohl aus Infanterie als auch aus Kavallerie bestanden. Je nach Stärke wurden Fußtruppen als Stabsinfanterieregiment oder -bataillon bzw. -kompanie bezeichnet. Die Kavalleriedivisionen wurden stets Stabsdragoner genannt. Jedes unabhängig operierende österreichische Heer besaß eigene Stabstruppen, aber auch kleinere Détachements wurden von zumindest einigen dieser Soldaten begleitet. Die Offiziere und Mannschaften wurden im Kriegsfall von den regulären Feldregimentern

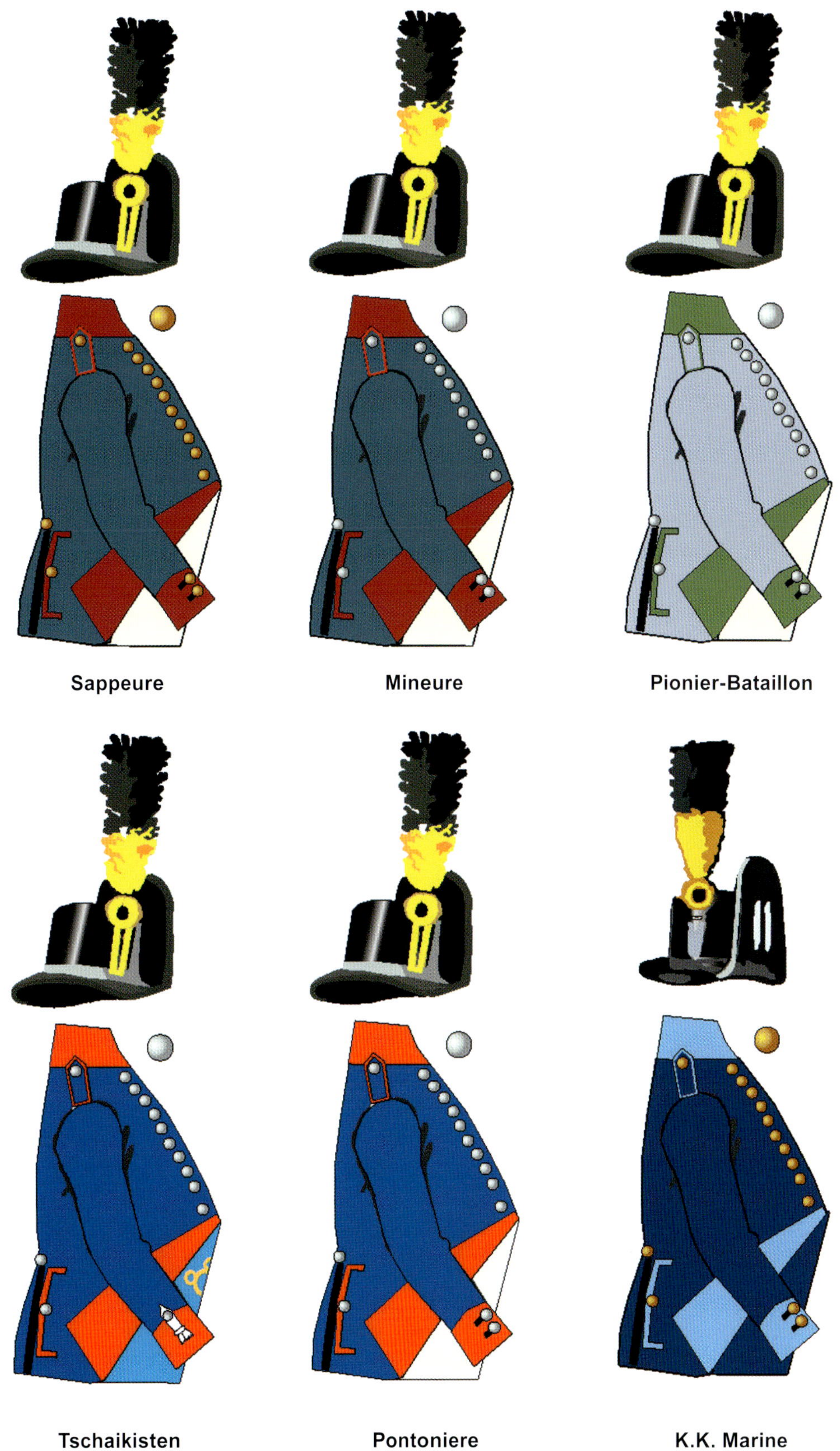

Österreichische Technische Truppen und K.K. Marine 1805–1809

gestellt, gelegentlich wurden aber auch ganze Divisionen für diese Zwecke delegiert. Bei Auflösung kehrten diese Truppen zu ihren Einheiten zurück.

Die Offiziere des Generalquartiermeisterstabes waren mit Stabsaufgaben betraut. Sie werteten topografisches Material aus und fertigten Karten und Pläne an (*Triangulierung*), oder waren auf Geländekunde. Sie waren auf das Erstellen von Schlachtplänen und das Koordinieren von Truppenbewegungen spezialisiert (*Landesbeschreibung*). Während des Krieges von 1805 gab es zwei Stabsdivisionen:

1. Die Stabsdivision der Armee in Deutschland. Sie wurde im September 1805 aufgestellt und im März 1806 in Linz aufgelöst. Ihr Kommandeur war Oberst-Lieutenant Samuel Giffing.

2. Die Stabsdivision der Italienarmee, kommandiert von Oberst-Lieutenant Dominik Gürtler.

Im Jahr 1809 übernahm Oberst (später FML) Josef Graf Radetzky von Radetz das Kommando. Als Kader für die neu aufgestellte *Stabs-Infanterie-Division* dienten Truppen des böhmischen Grenzkordons, die dem Hauptquartier des Generalissimus zugeteilt wurden. Jedes der elf Korps (einschließlich der beiden Reservekorps) erhielt eine Kompanie Stabsinfanterie zugewiesen, ebenfalls aufgestellt aus Truppen des Grenzkordons. Im Januar 1810 wurden sämtliche Stabstruppen aufgelöst; die Soldaten kehrten daraufhin zu ihren alten Einheiten zurück.

Pioniere (*Bataillon Pionniers*, wiederaufgestellt im Jahr 1806)

Hauptquartier	Olmütz, später Wien
Kommandeur	Major Chevalier Friedrich von Wetzelsberg

Die Pioniere wurden am Ende des Feldzuges von 1805 aufgelöst, als Kadereinheit jedoch im Februar 1806 wieder aufgestellt. Im Herbst desselben Jahres war das Korps bereits zwei Kompanien stark, von denen jede aus drei Offizieren, zwölf Unteroffizieren, 15 Zimmerleuten, 160 Pionieren und zwei Tambours bestand. Zwei weitere Kompanien wurden im Januar 1808 aufgestellt, im September noch einmal zwei weitere. Damit verfügte das Pionierkorps über Bataillonsstärke. 60 Mann in jeder Kompanie waren mit Musketen bewaffnet, die übrigen 100 waren mit Äxten, Hacken und Spaten ausgestattet. Im Dezember 1808 wurde die Anzahl der Kompanien auf neun erhöht. Zwei von ihnen bildeten eine Division, die fortan als unabhängige Einheit in der Festung Komorn Dienst tat. Die übrigen sieben Kompanien waren als Kadereinheiten für sieben weitere Divisionen (à zwei Kompanien) vorgesehen. Jede dieser Divisionen sollte aus einem Hauptmann, zwei Kapitänlieutenants, zwei Ober- und zwei Unter-Lieutenants, vier Feldwebeln, einem Feldchirurgen und seinem Feldscher, einem Fourier, zwei Fourierschützen, 20 Corporals, 30 Zimmerleuten, vier Tambours, vier Offiziersburschenn und 320 Pionieren bestehen.

Während des Feldzuges von 1809 wurden die ersten vier Divisionen in Prag, die fünfte, sechste und siebte Divisionen in Olmütz, die achte und neunte Division in Graz stationiert. Im August 1809 wurde die Aufstellung einer zehnten Division veranschlagt, doch kam es nicht dazu, da infolge des Waffenstillstandes und des anschließenden Friedens von Schönbrunn nur noch ein Bataillon zu sechs Kompanien übrigblieb. Bis 1809 unterstanden die Pioniere nicht dem General-Genie-Direktor, sondern unmittelbar dem Generalstab. Das Korps setzte sich vorwiegend aus Angehörigen der nichtdeutschen Reichsteile zusammen: 50 % der Soldaten waren Böhmen, 35 % stammten aus Mähren.

Pontoniere

Hauptquartier	Wien und Klosterneuburg, nach 1809 Klosterneuburg
Kommandeur	Oberst Joseph Schwäger von Hohenbruck
Stellv. Kommandeur	Oberst-Lieutenant Joseph Hütter von Hüttersthal, danach Baron Joseph von Hagen

Das erste stehende Pontonierbataillon wurde 1767 aufgestellt. Zusammen mit den 1771 aufgestellten Tschaikisten an der Militärgrenze, überwachten und kontrollierten diese Truppen den Schiffsverkehr auf der Donau und der Save. Depots des Pontonierkorps befanden sich in Wien und Klosterneuburg. Am 3. Mai 1805 wurde die Erweiterung des Bataillons von vier auf sechs Kompanien verfügt. Jede Kompanie verfügte über drei Offiziere, einen Oberfeldbrückenmeister im Feldwebelrang, zwei Unterfeldbrückenmeister im Sergeantenrang, fünf Corporals, 15 Alt-Pontoniere, einen Tambour und 40 Pontoniere. Die Pontoniere verwendeten sowohl Schiffsbrücken als auch vorgefertigte Pontons, die auf sechsspännigen Wagen von Angehörigen des Fuhrwesenkorps transportiert wurden. Im Frieden war das Pontonierkorps auch für das in Wien ansässige zivile Oberschiffamt zuständig, während sich weitere Stützpunkte und Flusswachen in Pressburg, Komorn, Esseg, Pest, Peterwardein, Pancsova, Semlin, Szegedin, Temesvar und Siseck befanden.

Offiziere und Mannschaften der Sappeure und Mineure (Ottenfeld)

Während des Feldzuges von 1805 waren beide österreichische Heere mit je 100 Pontons in den Kampf gezogen. Anno 1809 wurde jede Pontonierkompanie um 25 Gemeine aufgestockt. Ein Tross von 100 Pontons erforderte 100 sechsspännige Transportwagen, sechs weitere Wagen zum Transport der notwendigen Ausrüstung, fünf mobile Feldschmieden, fünf Transportkarren für die hierfür notwendige Kohle, fünf weitere Karren mit Werkzeug und anderen Ausrüstungsgegenständen, und schließlich 804 Zugpferde.

Am Ende des Krieges befanden sich drei Kompanien mit 170 (später 195) Pontons bei der Hauptarmee, eine Kompanie diente unter Erzherzog Ferdinand in Polen, eine weitere in Italien, während eine Kompanie in Reserve gehalten wurde.

Für Angaben zum Bataillon Tschaikisten s. Band II der vorliegenden Reihe.

Militär-Fuhrwesen-Korps

Hauptquartier	Wien
Kommandeur	Oberst-Lieutenant Johann Wolf (1809 provisorisch Major Böhm)
Abgeordnete Offiziere	Major Franz Freystädter (Brünn), Major Jacob Böhm, danach Major Anton Klehe (Pest), Major Ising (Brünn) – 1810 Major Michael Theis (Graz), Major Wenzel Järmer (Agram), Major Casper Muth (Prag)

Das Korps war halb militärisch, halb zivil organisiert. Sowohl in Kriegs- als auch in Friedenszeiten gab es zahlreiches ziviles Personal, welches lediglich durch eine Armbinde als solches kenntlich gemacht wurde. Bis ins Jahr 1819 blieben die Angehörigen des Fuhrwesenkorps praktisch unbewaffnet.

Nach der gescheiterten Reform durch General Mack im Jahr 1805 wurden folgende Regelungen für den Feldzug von 1809 getroffen:

1. Für die Infanterie:
Pro Regiment 1 vierspänniger Wagen für die Regimentskasse, 10 vierspännige Fouragewagen (6 für Grenzinfanterie), 1 zweispännige Feldschmiede,
1 zweispänniger Wagen für den Regimentsstab,
26 Packpferde.

2. Für die Kavallerie:
Gleiche Anzahl an Wagen, jedoch nur 3 Fouragewagen und keine Packpferde, da die Soldaten den Großteil ihrer Ausrüstung mit sich führten.

3. Für die Jäger:
1 vierspänniger Wagen für die Regimentskasse,
6 Fouragewagen, 2 Packpferde.

Remontenwesen

(„Remontierungs- und Beschellwesen", ab 1810 „Gestüt-Beschell- und Remontierungs-Anstalten")

Station	Kommandeur
Mezőhegyes (Ungarn)	Oberst Michael von Wieland, danach Major Johann von Klimesch
Waskowitz (Bukowina)	GM Joseph Cavallar und Major Joseph Traun; ab 1810 Ober-Lieutenant Ferdinand Bukowski von Stolzenburg
Lemberg (Galizien), ab 1810	Major Joseph Traun
Bábolna (Ungarn)	Rittmeister Georg von Klimesch, danach Rittmeister Joseph Herglotz
Meschen (Siebenbürgen)	Ober-Lieutenant Ferdinand Bukowski von Stolzenburg, danach Major Joseph Hoffmann
Chlumetz (Böhmen), später Pardubitz	Major Schauer von Schröckenfeld, danach Major Adalbert Haas
Wien, Schlosshof	Oberst-Lieutenant Chevalier Jacob Heydt
Hatschein (Mähren)	Major Joseph Riedel von Rittersfeld
Graz (Steiermark)	Major Carl Mackenroth

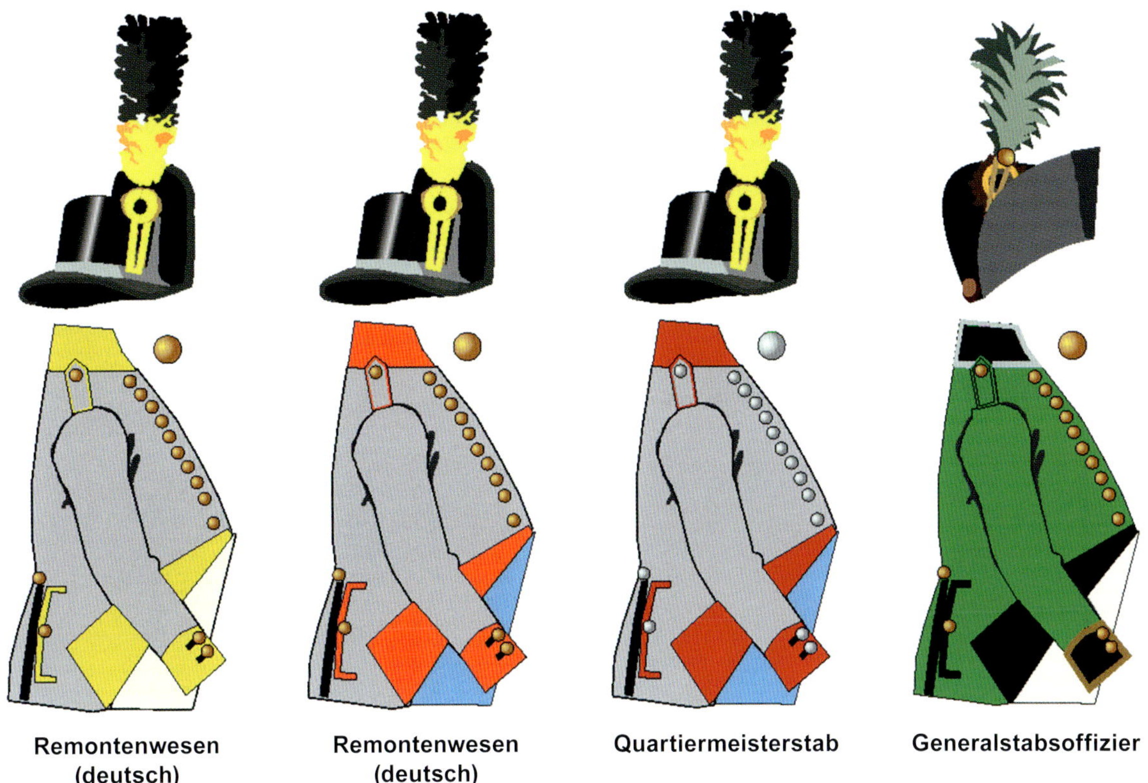

Uniformen der Versorgungs- und Stabstruppen 1800–1809

Fuhrwesenkorps
Tafel aus der Serie „Abbildung der Neuen Adjustirung der K.K. Armee“ von Tranquillo Mollo, erschienen um 1798.

Österreichischer Pionier und Sappeur (Ottenfeld)

Österreichische Marineartilleristen und Marineinfanterist (Ottenfeld)

K.K. Kriegsmarine

Hauptquartier	Triest
Kommandeur	Oberst Joseph Graf L'Espine
Fregattenkapitäne	Oberst-Lieutenant August von Conink, Nepomuk Maidich, Matthias Flanagan

Im Jahr 1809 konnte von einer funktionstüchtigen österreichischen Kriegsflotte keine Rede sein. Die Habsburgermonarchie war in die Revolutions- bzw. napoleonischen Kriege mit einer Marine eingetreten, die lediglich aus zwei Kanonenbooten bestand, von denen das eine in Triest, das andere in Fiume stationiert war. Diese beiden Schiffe spielten in den Feldzugsplänen der kaiserlichen Generäle keinerlei Rolle und wurden überhaupt erst im März 1797 mobilisiert. Die wenigen Schiffe der Donauflotille waren zahlreicher als die gesamte K. K. Kriegsflotte. Im Frieden von Campo Formio vom Oktober 1797 fiel Österreich Venedig zu und so erbte man die kläglichen Reste der Flotte der einst so stolzen Seemacht, bestehend aus zehn Linienschiffen mit je 74 Kanonen, sieben Fregatten und einer größeren Anzahl veralteter Galeeren. Die besten Schiffe und Ausrüstungsgegenstände hatte sich zu diesem Zeitpunkt längst die französische Marine gesichert.

Österreich stellte in der Folgezeit zwei Flottengeschwader auf:

1. Die in Triest stationierte Einheit bestand aus den beiden o. g. Kanonenbooten und wurde von Oberst James Ernest von Williams kommandiert.
2. Die in Venedig stationierte Einheit wurde von dem einheimischen Adeligen Andrea Querini kommandiert und verwaltete lediglich das örtliche Arsenal.

Nach einem kurzen Feldzug entlang der italienischen Küste und der Pomündung im Jahr 1799, gelang es Österreich mit Hilfe seiner russischen Verbündeten, durch die Eroberung von Ancona drei weitere Kriegsschiffe zu erwerben. Den Quellen zufolge gelang es den österreichischen Offizieren, vor ihren russischen Kameraden an Bord zu gelangen und das österreichische Rot-Weiß-Rot zu hissen. Fortan interessierte sich Österreich nicht mehr sonderlich für seine Kriegsflotte, bis im Jahr 1801 Erzherzog Karl als zuständiger Minister in Wien das Ruder übernahm. Er autorisierte eine aus acht Fregatten bestehende Kriegsflotte, die den österreichischen Mittelmeerhandel bis Malta sichern sollte und unterstellte die Schiffe französischen Emigranten, die infolge der Revolution ihrem Heimatland den Rücken gekehrt hatten. Zwar blieb die Flotte aus finanziellen Gründen auf drei Fregatten, eine Korvette und vier Briggs beschränkt, doch begannen diese Schiffe unerschrocken mit der Jagd auf französische Kaperschiffe und nordafrikanische Korsaren.

Als es im Jahr 1805 erneut zum Krieg mit Frankreich kam, gelang es den Österreichern nicht, sämtliche Schiffe ausreichend zu bemannen, und so stachen nur eine Korvette und zwei Briggs in See. Die österreichische Niederlage führte zur Herausgabe der venezianischen Besitzungen und damit auch sämtlicher ehemals venezianischer Schiffe. Die nunmehr auf drei Briggs reduzierte österreichische Flotte zog in den Hafen von Senj in Dalmatien um, einem ehemaligen kroatischen Piratennest.

Bei Ausbruch der Feindseligkeiten im Jahr 1809 erhielt die Flotte direkten Befehl, keinesfalls die Auseinandersetzung mit den weit überlegenen Franzosen zu suchen. Die wackere Besatzung der Brigg *Delfino* ignorierte diese Weisung, brachte ein französisches Kanonenboot auf und sicherte damit Österreich den Sieg in dessen einzigem Seegefecht während der napoleonischen Kriege. (1)

Im Frieden von Schönbrunn verlor Österreich sämtliche adriatischen Küstengebiete und sah sich auf den Status einer reinen Binnenlandmacht reduziert. Eine Kriegsflotte war nicht länger vonnöten.

Österreichische Adriaflotte (Triest, 23. April 1809)
Kommandeur: Generalmajor Josef Graf L'Espine

I. Flotte (Dalmatien)
Kommandeur: Oberst-Lieutenant Nepomuk Maidich
Brigg *Delfino*
Schoner *Indagatore*
Trabakel *Dromedario*
Feluke *Mora*
12 Kanonenboote und Schaluppen

II. Flotte (Venedig)
Kommandeur: Oberst-Lieutenant Matthias Flanagan
Korvette *Armonia* (von Privateigentümern gechartert)
Brigg *Eolo*
Brigg *Pilade* (am 22. April 1809 nach Sizilien entsandt)
Brigg *Oreste*
Trabakel *Bravo*
Trabakel *Cammello*
Große Tartane *Isabella*
8 Kanonenboote und Schaluppen

DIE GRENADIERBATAILLONE DER INFANTERIE IM JAHR 1809

Mit Ausnahme des Feldzuges von 1805, als die Grenadierdivisionen bei ihren Stammregimentern verblieben, wurden die Grenadierdivisionen der Infanterieregimenter stets zu schlagkräftigen Bataillonen zusammengefasst, um sie als Eliteformationen an Brennpunkten der Kämpfe einzusetzen. Hierbei blieben die Bataillone insofern homogen, als man „deutsche" und ungarische Grenadierkompanien nur untereinander kombinierte. Wie die Füsiliere ihrer Stammregimenter, trugen „deutsche" Grenadiere weiße Kniehosen und Gamaschen, wohingegen ungarische Grenadiere lange hellblaue, schnurbesetzte ungarische Hosen und Halbschuhe trugen. Gemeinsam war allen Grenadieren als äußeres Kennzeichen die Pelzmütze aus Bärenfell[27] und ein Säbel als Seitenwaffe.

Die insgesamt 17 Grenadierbataillone der österreichischen Hauptarmee von 1809 bildeten vier Brigaden (zwei Divisionen) und das II. Reservekorps, welches auch als Grenadierkorps (Grenadierreserve) bezeichnet wurde. Sie kämpften auf dem Marchfeld und eroberten am 22. Mai Essling; bei Wagram wurden sie am zweiten Tag der Schlacht in den Kampf geworfen und erlitten hohe Verluste. Sowohl ihre Tapferkeit im Kampf als auch ihre Standfestigkeit unter Feuer nötigten dem Gegner hohen Respekt ab.

Von den vier Bataillonen der österreichischen Italienarmee, die später bei Raab kämpfte, hatte nur das Bataillon Chimany Gelegenheit sich auszuzeichnen: Für seine Leistung im Gefecht an der Piave wurde sein Kommandeur mit dem Militär-Maria-Theresien-Orden ausgezeichnet.

Österreichische Hauptarmee – II. Reservekorps

Division D'Aspre:

Brigade Hammer: Bataillone Mayblümel, Oklopsia, Bissingen und Kirchenbetter

Brigade Merville: Bataillone Brzeźinsky, Puteany, Scovaud und Scharlach

Division Prohaszka:

Brigade Murray: Bataillone Leinigen, Portner, Georgy und Wienawsky

Brigade Steyerer: Bataillone Demontant, Hahn, Berger, Hohenlohe und Legrand. Zwei Bataillonskommandeuren (Scovaud und Portner) wurde der Militär-Maria-Theresien-Orden verliehen.

Deutsche Infanterie - Stärke einer Grenadierkompanie (Stand: Ende 1807)

Stab und Mannschaft einer „deutschen" Grenadierkompanie			
1	Hauptmann oder Capitain-Lieutenant	1	Ober-Lieutenant
1	Unter-Lieutenant	1	Feldwebel
6	Corporals	1	Fourierschütze
2	Tambours	1	Zimmermann
3	Offiziersburschen	140	Grenadiere (Friedensstärke)
		120[28]	Grenadiere (Kriegsstärke

27 Die österreichische Grenadiermütze wurde wegen ihrer besonderen Form von den Franzosen *fauteuil*, Sessel, genannt (Anm. d. Ü.).

28 Meynert, Hermann: *Geschichte der österreichischen K.K. Armee, ihrer Heranbildung und Organisation*, 4 Bde., Verlag Gerold und Söhne, Wien 1854.

Hofburgwache um 1800 (Ottenfeld)

Grenadierbataillone der Deutschen Infanterie

K.K. Grenadierbataillon Albeck

Kommandeur: Major Chevalier Arnold Albeck (Albek), IR 43 (Simbschen)
Rekrutierungsbezirke: Bezirke der Grenadierdivisionen der Regimenter Reisky (IR 13) und Simbschen (IR 43) (Küstenland, Triest, Istrien und Krain).
Vor Beginn des Feldzuges erhielt Major Chimany das Kommando über das Bataillon (siehe unten).
Vor der Schlacht bei Aspern: Brigade Splényi, dann Brigade Hager (beide Division Wolfskehl, IX. Korps).

K.K. Grenadierbataillon Peccaduc

Kommandeur: Major August Picot de Peccaduc, Baron Herzogenberg, IR 55 (Reuss-Greiz)
Rekrutierungsbezirke: Bezirke der Grenadierdivisionen der Regimenter Wenzel Colloredo (IR 56), Czartoryski (IR 9) und Reuss-Greiz (IR 55) (Polen, Galizien und Schlesien).
Vor der Schlacht bei Aspern: Brigade Rohan, I. Reservekorps, dann wieder im Korps Liechtenstein (II. Reservekorps).
Das Bataillon kämpfte bei Abensberg und erhielt vor der Schlacht bei Aspern einen neuen Kommandeur und hieß fortan Grenadierbataillon Legrand (iii) (s. unten).[29]

K. K Grenadierbataillon Berger

Kommandeur: Major Carl von Berger, IR 28 (Frehlich)
Rekrutierungsbezirke: Bezirke der Grenadierdivisionen der Regimenter Joseph Colloredo (IR 57), Frelich (IR 28) und Zach (IR 15) (Böhmen und Mähren).
Das Bataillon gehörte stets zur Brigade Steyrer, zunächst Division Lindenau, ab der Schlacht bei Wagram Division Prohaszka (beide Reservekorps). Andere Quellen geben an, das Bataillon sei unter dem Kommando Major Nissels (IR 15) verblieben (s. unten). Nach der Schlacht bei Eckmühl deckte es den Rückzug, wurde umzingelt und geriet beinahe gänzlich in Kriegsgefangenschaft. Major Berger kümmerte sich um die Neuaufstellung und führte das wiederaufgefüllte Bataillon in die Schlacht bei Wagram.

K.K. Grenadierbataillon Bissingen

Kommandeur: Major Carl Graf Bissingen, IR 50 (Stain)
Rekrutierungsbezirke: Bezirke der Grenadierdivisionen der Regimenter Beaulieu (IR 58), Erzherzog Karl (IR 3) und Stain (IR 50) (Polen, Schlesien und Niederösterreich).
Vor der Schlacht bei Aspern: Brigade Rohan (I. Reservekorps), von Aspern bis Wagram Brigade Hammer (Division D'Aspre, Grenadierreserve).
Nach der Schlacht bei Wagram wechselte die Brigade Hammer zur Division Prohaszka (ebenfalls Grenadierreserve).

K.K. Grenadierbataillon Brzežińsky

Kommandeur: Major (später Oberst-Lieutenant) Joseph Brzežińsky von Dunin, IR 30 (De Ligne)
Rekrutierungsbezirke: Bezirke der Grenadierdivisionen der Regimenter Kottulinsky (IR 41), De Ligne (IR 30) und Strauch (IR 24) (Galizien).
Vor der Schlacht bei Aspern: Zunächst in der Brigade D'Aspre (II. Reservekorps), dann Brigade Drechsel, Division D'Aspre (Grenadierreserve).
Bei Aspern: Brigade Merville, dann Brigade Scovaud, zwischenzeitlich auch in der Brigade Drechsel (alle Division D'Aspre, Grenadierreserve).
Während und nach der Schlacht bei Wagram: Weiterhin Brigade Merville, zunächst Division D'Aspre, danach Division Prohaszka (beide Reservekorps).
Das Bataillon bewährte sich während des Rückzugs aus Bayern bei Landshut und Ebelsberg und zeichnete sich danach erneut beim Sturm auf Essling und später bei Wagram und Znaim aus.

K.K. Grenadierbataillon Cappy

Kommandeur: Major Heinrich Graf Cappy, IR 20 (Kaunitz)
Rekrutierungsbezirke: Bezirke der Grenadierdivisionen der Regimenter Kaunitz (IR 20), Manfredini (IR 12) und Würzburg (IR 23) (Schlesien und Mähren).
Vor der Schlacht bei Aspern: Brigade Rohan, I. Reservekorps.
Das Bataillon kämpfte bei Regensburg. Wrede verzeichnet es bei Aspern noch unter seinem alten Namen Cappy, tatsächlich hieß es zu diesem Zeitpunkt jedoch bereits Oklopsia (s. unten).

K.K. Grenadierbataillon Chimany (vormals Albeck)

Kommandeur: Major Anton Chimany von Mannsberg, IR 43 (Simbschen)
Rekrutierungsbezirke: Bezirke der Grenadierdivisionen der Regimenter Reisky (IR 13) und Simbschen (IR 43) (Küstenländer, Triest, Istrien und Krain).
Vor der Schlacht bei Aspern: Brigade Colloredo, Division Albert Gyulai, IX. Korps.
Vor der Schlacht bei Wagram: Brigade Lutz, Division Jellačič. In Jellačičs Reserve (Brigade Kleinmayer) bei Raab.
Während und nach der Schlacht bei Wagram: Brigade Lutz, Division Frimont.

29 Andreas Ziegler merkt in seiner Monografie *Das Kaiserlich-*Königliche *Sechsundfünfzigste Linien-Infanterie-Regiment* (Wien 1861) an, dass das Bataillon den Feldzug bereits unter Major Legrands Kommando angetreten habe.

K.K. Grenadierbataillon Demontant (vormals Stark)

Kommandeur: Oberst-Lieutenant Demontant, IR 7 (Carl Schröder)
Rekrutierungsbezirke: Bezirke der Grenadierdivisionen der Regimenter Rohan (IR 21), Schröder (IR 7) und Stuart (IR 18) (Böhmen und Mähren).
Vor und während der Schlacht bei Aspern: Brigade Steyrer, Division Lindenau, Reservekorps.
Während und nach der Schlacht bei Wagram: In derselben Brigade, jedoch in der Division Prohaszka (Grenadierreserve).

K.K. Grenadierbataillon Frisch (vormals Wienowsky)

Kommandeur: Major Johann von Frisch, IR 47 (Vogelsang)
Rekrutierungsbezirke: Bezirke der Grenadierdivisionen der Regimenter Mittrowsky (IR 10), Erzherzog Rainer (IR 11) und Vogelsang (IR 47) (Böhmen und Mähren).
Während und nach der Schlacht bei Wagram: Brigade Murray, Division Prohaszka, Reservekorps.
Major Frisch erhielt das Kommando über das ehemalige Bataillon Wienowsky erst zur Zeit des Waffenstillstandes zu Znaim.

K.K. Grenadierbataillon Georgy

Kommandeur: Major August Georgy (Giorgy)
Rekrutierungsbezirke: Bezirke der Grenadierdivisionen der Regimenter Erbach (IR 42), Kolowrat (IR 36) und Reuss-Plauen (IR 17) (Böhmen).
Vor der Schlacht bei Aspern: Brigade Rohan, I. Reservekorps; später Brigade Murray, Division Lindenau (Grenadierreserve). Im letzgenannten Verband auch bei Aspern.
Während und nach der Schlacht bei Aspern: Brigade Murray, Division Prohaszka, Grenadierreserve.
Vor dem Rückzug nach Böhmen war das Bataillon zeitweise dem V. Korps zugeteilt. In diesem Verband nahm es an den Schlachten bei Teugn-Hausen, Eckmühl und Regensburg teil.

K.K. Grenadierbataillon Hauger

Kommandeur: Major Franz Hauger (auch Hager, Hacker), IR 40 (Joseph Mittrowsky)
Rekrutierungsbezirke: Bezirke der Grenadierdivisionen der Regimenter Bellegarde (IR 44), Chasteler (IR 46) und Joseph Mittrowsky (IR 40) (Galizien und Mähren).
Vor der Schlacht bei Aspern: Brigade Rohan, I. Reservekorps.
Nach der Schlacht bei Aspern übernahm Major Portner das Bataillon (s. dort).

K.K. Grenadierbataillon Hohenlohe (auch: Hohenlohe-Langenburg)

Kommandeur: Major, später Oberst-Lieutenant Gustav Prinz von Hohenlohe-Langenburg, IR 1 (Kaiser)
Rekrutierungsbezirke: Bezirke der Grenadierdivisionen der Regimenter Kaiser (IR 1), Lindenau (IR 29) und Württemberg (IR 38) (Mähren und Schlesien).
Vor der Schlacht bei Aspern: Division Rohan, I. Reservekorps; später Brigade Steyrer, Division Lindenau (Grenadierreserve).
Nach der Schlacht von Aspern übernahm Major Hromada das Kommando über das Bataillon (s. dort).
Wrede führt in Band 2 seines Werkes[30] das Bataillon weiterhin unter dem Namen Hohenlohe (iii). Der Prinz war gleichzeitig Kommandeur des IR 1 (Kaiser).

K.K. Grenadierbataillon Hromada (vormals Hohenlohe-Lauenburg)

Kommandeur: Major Joseph Hromada von Helenburg, IR 29 (Lindenau)
Rekrutierungsbezirke: Bezirke der Grenadierdivisionen der Regimenter Kaiser (IR 1), Lindenau (IR 29) und Württemberg (IR 39) (Mähren und Schlesien).
Während und nach der Schlacht bei Wagram: Brigade Steyrer, Division Prohaszka, Grenadierreserve.
Bis nach Aspern stand das Bataillon unter dem Kommando des Prinzen von Hohenlohe-Lauenburg (s. oben).

K.K. Grenadierbataillon Jambline (vormals Puteany)

Kommandeur: Major Hieronymus Jambline, IR 14 (Baron Klebek)
Rekrutierungsbezirke: Bezirke der Grenadierdivisionen der Regimenter De Vaux (IR 45), Jordis (IR 59) und Baron Klebek (IR 14) (Oberösterreich und Salzburg).
Bei Wagram in der Brigade Merville, Division D'Aspre, Grenadierreserve.
Bis zur Schlacht bei Wagram wurde das Bataillon von Major Puteany kommandiert (s. unten).

K.K. Grenadierbataillon Legrand (vormals Peccaduc)

Kommandeur: Major Carl Legrand, IR 9 (Czartoryski)
Rekrutierungsbezirke: Bezirke der Regimenter Wenzel Colloredo (IR 56), Czartoryski (IR 9) und Reuss-Greiz (IR 55) (Galizien, Polen und Schlesien).
Vor der Schlacht bei Aspern: Division Rohan, dann im II. Reservekorps (Liechtenstein); bei Aspern und Wagram in der Brigade Steyrer, Division Lindenau, Grenadierreserve.

30 Wrede, Alfons Freiherr von; Semek, Anton: *Geschichte der K. und K. Wehrmacht. Die Regimenter, Corps, Branchen und Anstalten von 1618 bis Ende des XIX. Jahrhunderts*, 5 Bde., Kriegsarchiv-Mittheilungen, L. W. Seidel, Wien, 1901.

General mit Adjutant und Stabsoffizier, 1805.
Im Hintergrund Grenadiere eines „deutschen“ Regiments (Ottenfeld)

Deutscher Grenadier Ungarischer Grenadier

Feldjäger (bis 1809) Tiroler Schützentracht Feldjäger (nach 1809)

Uniformen der Grenadiere, Feldjäger und Tiroler Insurgenten

Das Bataillon kämpfte unter seinem alten Kommandeur Major Peccaduc (s. oben) bei Teugn-Hausen und Abensberg.

K.K. Grenadierbataillon Leiningen

Kommandeur: Major August Graf Leiningen-Westerburg, IR 54 (Froon)
Rekrutierungsbezirke: Bezirke der Grenadierdivisionen der Regimenter Argenteau (IR 35), Froon (IR 54) und Zedtwitz (IR 25) (Böhmen).
Vor der Schlacht bei Aspern: Brigade Rohan, I. Reservekorps. Bei Teugn-Hausen bildete das Bataillon die Vorhut der Division Ludwig Hohenlohe-Wartenburg-Bartenstein im Korps Hohenzollern. Danach gehörte es zur Brigade Murray, Division Lindenau (Reservekorps).
Das Bataillon gehörte temporär zum V. Korps und kämpfte bei Hausen und Regensburg.

K.K. Grenadierbataillon Locher (vormals Mayblümel)

Kommandeur: Oberst-Lieutenant Wolfgang Locher von Lindenfels, IR 22 (Coburg)
Rekrutierungsbezirke: Bezirke der Grenadierdivisionen der Regimenter Gyulai (IR 60), Coburg (IR 22) und Erzherzog Ludwig (IR 8) (Mähren und östliches Ungarn).
Bei Wagram: Brigade Hammer, Division D'Aspre (Grenadierreserve).
Nach der Schlacht bei Wagram: Brigade Hammer, Division Prohaszka (Grenadierreserve).
Bis zur Schlacht bei Aspern wurde das Bataillon von Oberst-Lieutenant Mayblümel kommandiert (s. unten).

K.K. Grenadierbataillon Mayblümel

Kommandeur: Oberst-Lieutenant Arnold Mayblümel, IR 8 (Erzherzog Ludwig), gefallen bei Wagram
Rekrutierungsbezirke: Bezirke der Grenadierdivisionen der Regimenter Gyulai (IR 60), Coburg (IR 22) und Erzherzog Ludwig (IR 8) (Mähren und östliches Ungarn).
Vor der Schlacht bei Aspern: Division Rohan, I. Reservekorps, danach Brigade Hammer, Division D'Aspre (Grenadierreserve).
In der Schlacht bei Aspern: Dito, jedoch auch Brigade Scovaud, Division D'Aspre.
Nach dem Tod seines Kommandeurs in der Schlacht von Wagram übernahm Oberst-Lieutenant Locher das Kommando über das Bataillon. Zunächst sollte Oberst-Lieutenant Baron Joseph von der Trenck vom IR 60 (Gyulai) das Bataillon übernehmen, dieser trat die Kommandeursstelle jedoch nicht an.

K.K. Grenadierbataillon Nissel

Kommandeur: Major Johann Nissel (auch: Niesel), IR 15 (Zach)
Rekrutierungsbezirke: Bezirke der Grenadierdivisionen der Regimenter Joseph Colloredo (IR 57), Frelich (IR 28) und Zach (IR 15) (Mähren und Böhmen).
Vor der Schlacht bei Aspern: Brigade Rohan, I. Reservekorps.
Nach der Schlacht von Aspern übernahm Major Berger das Bataillon (s. dort).

K.K. Grenadierbataillon Oklopsia (ehemals Cappy)

Kommandeur: Major Lukas Oklopsia von Kuhberg (oder Kuhburg), IR 21 (Rohan)
Rekrutierungsbezirke: Bezirke der Grenadierdivisionen der Regimenter Kaunitz (IR 20), Manfredini (IR 12) und Würzburg (IR 23) (Mähren und Schlesien).
Vor der Schlacht bei Aspern: Brigade Hammer, Division D'Aspre (Grenadierreserve).
Bei Aspern: Brigade Scovaud, Division D'Aspre; danach bis nach der Schlacht von Wagram wiederum in der Brigade Hammer (Division D'Aspre).
Nach der Schlacht bei Wagram: Brigade Hammer, Division Prohaszka (Grenadierreserve).
Das Bataillon kämpfte unter seinem alten Kommandeur Major Cappy bei Regensburg (s. oben). Unter Major Oklopsia kämpfte es bei Aspern, Wagram und Znaim.

K.K. Grenadierbataillon Portner (ehemals Hauger)

Kommandeur: Major, später Oberst-Lieutenant Baron Leopold Portner, IR 46 (Chasteler)
Rekrutierungsbezirke: Bezirke der Grenadierdivisionen der Regimenter Bellegarde (IR 44), Chasteler (IR 46) und Joseph Mittrowsky (IR 40) (Galizien und Mähren).
Vor und während der Schlacht bei Aspern: Brigade Murray, Division Lindenau, Reservekorps (Grenadierreserve).
Bei Wagram: Brigade Murray, Division Prohaszka, Reservekorps (Grenadierreserve).
Nach Wagram zunächst weiter in der Brigade Murray, danach Brigade Hammer, Division Prohaszka.

K.K. Grenadierbataillon Puteani

Kommandeur: Major Joachim Ritter von Puteani, IR 14 (Baron Klebek)
Rekrutierungsbezirke: Bezirke der Grenadierdivisionen der Regimenter Devaux (IR 45), Jordis (IR 59) und Klebek (IR 14) (Oberösterreich, Linz und Salzburg).
Vor der Schlacht bei Aspern: Brigade D'Aspre, II. Reservekorps; gehörte zum Détachement, welches die Brücken bei Landshut sicherte. Später Brigade Merville, Division D'Aspre, Grenadierreserve.
Bei Aspern: Zunächst wie oben, später Brigade Scovaud, danach Brigade Drechsel (beide Division D'Aspre, Grenadierreserve).
Bei Wagram: Brigade Merville, Division D'Aspre.
Nach der Schlacht bei Wagram: In derselben Brigade, Division Prohaszka, Grenadierreserve.

Ulan, 1810–1815 (Ottenfeld)

Das Bataillon wurde unmittelbar nach der Schlacht bei Wagram unter das Kommando Major Jamblines gestellt (s. dort).

K.K. Grenadierbataillon Salomon

Kommandeur: Major Joseph Salomon, IR 16 (Lusignan)
Rekrutierungsbezirke: Bezirke der Grenadierdivisionen der Regimenter Hohenlohe-Bartenstein (IR 26), Lusignan (IR 16) und Strassoldo (IR 27) (Steiermark und Kärnten).
Vor der Schlacht bei Aspern: Brigade Hager; später Brigade Splényi, beide Division Wolfskehl, IX. Korps.
Vor der Schlacht bei Wagram: Brigade Kleinmayer, Reservekorps Jellačič in Raab.

K.K. Grenadierbataillon Scovaud

Kommandeur: Major, später Oberst-Lieutenant Franz Friedrich Scovaud[31] de la Bastide, IR 63 (Baillet-Merlemont), ausgezeichnet mit dem Militär-Maria-Theresien-Orden
Rekrutierungsbezirke: Bezirke der Grenadierdivisionen der Regimenter Hoch- und Deutschmeister (IR 4), Kerpen (IR 49) und Baillet-Merlemont (IR 63) (Wien, Niederösterreich und Galizien).
Vor der Schlacht bei Aspern: Brigade D'Aspre, II. Reservekorps, später Brigade Merville, Division D'Aspre, Grenadierreserve.
Bei Aspern: Brigade Drechsel, später auch zwischenzeitlich Teil der Brigade Scovaud, beide Division D'Aspre, Grenadierreserve.
Bei Wagram: Brigade Merville, Division D'Aspre. Nach der Schlacht in der Division Prohaszka (beide Grenadierreserve).

K.K. Grenadierbataillon Stark

Kommandeur: Major Moritz Stark (auch: Starck), IR 7 (Carl Schröder)
Rekrutierungsbezirke: Bezirke der Grenadierdivisionen der Regimenter Rohan (IR 21), Schröder (IR 7) und Stuart (IR 18) (Böhmen und Mähren).
Vor der Schlacht bei Aspern: Brigade (oder möglicherweise Division) Rohan, I. Reservekorps. Das Bataillon bildete die Vorhut der Division Ludwig von Hohenlohe-Wartenburg-Bartenstein bei Teugn-Hausen (Korps Hohenzollern). Es war zeitweise dem V. Korps unterstellt (während der Schlacht bei Eckmühl).
Das Bataillon erlitt bei Teugn-Hausen und Eckmühl schwere Verluste. Vor der Schlacht bei Aspern übernahm Oberst-Lieutenant Demontant das Bataillon (s. dort).

K.K. Grenadierbataillon Welsberg

Kommandeur: Major Carl Graf Welsberg (auch: Welsperg), IR 16 (Lusignan)
Rekrutierungsbezirke: Bezirke der Grenadierdivisionen der Regimenter Hohenlohe-Bartenstein (IR 26), Lusignan (IR 16) und Strassoldo (IR 27) (Steiermark und Kärnten).
Vor der Schlacht bei Aspern bis zur Schlacht bei Wagram: Teil der Armee Innerösterreichs. Bei Wagram in der Brigade Lutz, Division Frimont, Armee Innerösterreichs.

K.K. Grenadierbataillon Baron Wienawsky

Kommandeur: Major, später Oberst-Lieutenant Ignaz Graf Wienawsky, IR 11 (Erzherzog Rainer)
Rekrutierungsbezirke: Bezirke der Grenadierdivisionen der Regimenter Anton Mittrowsky (IR 10), Erzherzog Rainer (IR 11) und Vogelsang (IR 47) (Böhmen und Mähren).
Von vor der Schlacht bei Aspern bis nach Wagram: Brigade (oder möglicherweise Division) Rohan, I. Reservekorps; später Brigade Murray, Division Lindenau, Grenadierreserve.

31 Der zukünftige Generalmajor des K.K. Heeres Franz Friedrich Baron Scovaud de la Bastide wurde am 5. August 1759 im französischen Avignon geboren. Er war der Sohn des Maréchal de Camp Pierre de Scovaud, der seinen Sohn im Jahr 1776 als Kadett ins K.K. Infanterieregiment 58 Beaulieu eintreten ließ. Scovaud wurde einige Tage vor der Schlacht bei Aspern-Essling zum Major, später Oberst-Lieutenant befördert. Für seine Tapferkeit in der Schlacht wurde er mit dem Ritterkreuz des Militär-Maria-Theresien-Ordens ausgezeichnet: Scovaud hatte Befehl erhalten, die Grenadierbataillone Scharlach und Kirchenbetter bei ihrem Angriff auf die französischen Stellungen bei Essling zu unterstützen. Wie der nahe gelegene Friedhof, war auch die dortige Stellung von den Franzosen mit starken Kräften besetzt worden: Der Feind erwartete die österreichischen Grenadiere hinter einer 15 Fuß hohen Mauer, in die man zahlreiche Schießscharten hineingebrochen hatte. Links vom Esslinger Kirchhof hielten sich mehrere Bataillone der französischen Kaisergarde bereit, die zudem von einer Batterie und Kavallerie verstärkt wurden, die den angreifenden Grenadieren stark zusetzten.
Ziel des österreichischen Angriffs war es, die Straße nach Enzersdorf freizukämpfen. Scovaud erkannte, dass ein entschieden vorgetragener Angriff gegen das gegnerische Zentrum die Franzosen zwingen würde, sich auf die Donaubrücken zurückzuziehen. Er sammelte 46 versprengte Grenadiere des Bataillons Kirchenbetter um sich und griff mit ihnen und den übrigen 160 Grenadieren seines eigenen Bataillons die französischen Linien an. Obwohl der Angriff entschlossen erfolgte, gerieten die Grenadiere rasch in das Flankenfeuer der französischen Garde und wurden darüber hinaus versehentlich von eigenen Truppen beschossen. Scovaud und seinen tapferen Grenadieren blieb somit nur der Rückzug auf die eigenen Linien.

Grenadierbataillone der Ungarischen Infanterie

Stab und Mannschaft einer Grenadierkompanie der Ungarischen Infanterie (Ende 1807)			
1	Hauptmann	1	Ober-Lieutenant
1	Unter-Lieutenant	1	Feldwebel
6	Corporals	1	Fourierschütze
2	Tamboure	1	Zimmermann
2	Offiziersburschen	160	Grenadiere (Friedensstärke)
		120	Grenadiere (Kriegsstärke)

K.K. Grenadierbataillon Gersanich (vormals Janusch)

Kommandeur: Major Gersanich von Heldenstein, IR 52 (Erzherzog Franz Karl)
Rekrutierungsbezirke: Bezirke der Grenadierdivisionen der Regimenter Alvinczy (IR 19), Erzherzog Franz Karl (IR 52) und Saint-Julien (IR 61) (Mittleres und südliches Ungarn, Banat).
Bei Wagram: Brigade Lutz, Division Frimont, Armee Innerösterreichs.
Das Bataillon kämpfte am Pressburger Brückenkopf.

K.K. Grenadierbataillon Habinay (vormals Hahn)

Kommandeur: Major Johann Habinay, IR 39 (Duka)
Rekrutierungsbezirke: Bezirke der Grenadierdivisionen der Regimenter Duka (IR 39), Baron Hiller (IR 2) und Sztáray (IR 33) (Nordöstliches Ungarn und Slowakei).
Nach der Schlacht bei Wagram: Brigade Steyerer, Division Prohaszka, Grenadierreserve.

K.K. Grenadierbataillon Hahn

Kommandeur: Major Wilhelm Hahn, IR 2 (Baron Hiller)
Rekrutierungsbezirke: Bezirke der Grenadierdivisionen der Regimenter Duka (IR 39), Baron Hiller (IR 2) und Sztáray (IR 33) (Nordöstliches Ungarn und Slowakei).
Vor und während der Schlacht bei Aspern: Brigade, dann Division Rohan, I. Reservekorps; später Brigade Steyerer, Division Lindenau, Grenadierreserve.
Während und nach der Schlacht bei Wagram: Brigade Steyerer, Division Prohaszka, Grenadierreserve.

K.K. Grenadierbataillon Janusch

Kommandeur: Major Anton von Janusch (auch: Janosch), IR 61 (Saint-Julien)
Rekrutierungsbezirke: Bezirke der Grenadierdivisionen der Regimenter Alvinczy (IR 19), Erzherzog Franz Karl (IR 52) und Saint-Julien (IR 61) (Mittleres und südliches Ungarn, Banat).
Vor der Schlacht bei Aspern: Brigade Splényi, danach Brigade Hager, beide Division Wolfskchl, IX. Korps.
Vor der Schlacht bei Wagram: Reservekorps Jellačič, Brigade Kleinmayer; dann Division Colloredo, Armee Innerösterreichs.
Das Bataillon kämpfte in Italien bei Sacile und an der Piave, anschließend bei Raab. Nach der Schlacht bei Wagram übernahm Major Gersanich das Kommando über das Bataillon (s. dort).

K.K. Grenadierbataillon Kirchenbetter

Kommandeur: Major Johann Kirchenbetter von Ritterskirchen, IR 34 (Davidovich)
Rekrutierungsbezirke: Bezirke der Grenadierdivisionen der Regimenter Davidovich (IR 34), Vukassovich (IR 48) und Weidenfeld (IR 37) (Nördliches, südliches und östliches Ungarn).
Vor der Schlacht bei Aspern: Brigade D'Aspre, II. Reservekorps; später Brigade Hammer, Division D'Aspre, Grenadierreserve.
Bei Aspern: In der Brigade Hammer und in der Brigade Scovaud, beide Division D'Aspre, Grenadierreserve.
Bei Wagram: Brigade Hammer (s. oben).
Nach der Schlacht bei Wagram: Brigade Hammer, Division Prohaszka, Grenadierreserve.

K.K. Grenadierbataillon Mühlen

Kommandeur: Oberst-Lieutenant Carl von (auch: van) der Mühlen, IR 53 (Johann Jellačič)
Rekrutierungsbezirke: Bezirke der Grenadierdivisionen der Regimenter Franz Jellačič (IR 62) und Johann Jellačič (IR 53) (Kroatien und Banat).
Vor der Schlacht bei Aspern: Brigade Splényi, danach Brigade Hager, beide Division Wolfskehl, IX. Korps.
Vor der Schlacht bei Wagram: Armee Innerösterreichs, im Reservekorps Jellačič (Brigade Kleinmayer) in Raab.
Nach Wagram übernahm Major Zedtlar das Bataillon. Das Bataillon setzte sich aus Angehörigen der Grenzinfanterie zusammen und galt selbst innerhalb der Grenadierwaffe als Elite. Es kämpfte in Italien bei Sacile und an der Piave, danach bei Raab. Es wird in der Literatur auch fälschlicherweise als Bataillon Müller bezeichnet.

K.K. Grenadierbataillon Purcell
(vormals Scharlach)
Kommandeur: Major Baron Johann Purcell von Roreston, IR 31 (Benjowsky)
Rekrutierungsbezirke: Bezirke der Grenadierdivisionen der Regimenter Benjowsky (IR 31), Esterházy (IR 32) und Splényi (IR 51) (Transsylvanien und Zentralungarn).
Major Purcell erhielt erst bei Znaim das Kommando über das Bataillon, welches zuvor von Oberst-Lieutenant Scharlach kommandiert worden war (s. dort).

K.K. Grenadierbataillon Scharlach
Kommandeur: Major, später Oberst-Lieutenant Franz Michael von Scharlach, IR 51 (Splényi)
Rekrutierungsbezirke: Bezirke der Grenadierdivisionen der Regimenter Benjowsky (IR 31), Esterházy (IR 32) und Splényi (IR 51) (Transsylvanien und Zentralungarn).
Vor der Schlacht bei Aspern: Brigade D'Aspre, II. Reservekorps; das Bataillon sicherte die Brücken bei Landshut. Später Brigade Merville, Division D'Aspre, Grenadierreserve.
Bei Aspern: Im gleichen Verband, eventuell auch in den Brigaden Scovaud und Drechsel, ebenfalls beide Division D'Aspre.
Während und nach der Schlacht Wagram: Brigade Merville; nach der Schlacht Division Prohaszka, Grenadierreserve.
Das Bataillon kämpfte bei Landshut und Ebelsberg. Nach der Schlacht bei Znaim übernahm Major Purcell das Bataillon.

K.K. Grenadierbataillon Zedtlar (vormals Mühlen)
Kommandeur: Major Anton von Zedtlar (auch: Zittar), IR 53 (Johann Jellačič)
Rekrutierungsbezirke: Bezirke der Grenadierdivisionen der Regimenter Franz Jellačič (IR 62) und Johann Jellačič (IR 53) (Kroatien und Banat).
Vor der Schlacht bei Wagram: IX. Korps (Armee Innerösterreichs).
Bei Wagram: Brigade Lutz, Division Frimont, Armee Innerösterreichs.

Weitere Grenadierformationen[32]

Die größeren Städte des Habsburgerreiches ließen es sich angelegen sein, bürgerliche Freiwilligenverbände zur Verteidigung aufzustellen. Am 3. Juni 1809 übernahm Josef Graf Wallis das Kommando über die K.K. Stadthauptmannschaft in Prag und befahl die Aufstellung zweier Grenadierdivisionen, die die 14 Kompanien der Bürgergarde zu Fuß verstärken sollten. Bereits am 13. Juli erhielt die erste solchermaßen ausgehobene Grenadierkompanie Befehl, das Hauptquartier auf der Prager Kleinseite zu bewachen. Der städtische Magistrat verlieh der Kompanie feierlich eine Fahne mit dem böhmischen Wappen, einem silbernen Löwen auf rotem Grund. Der offiziell als *K.K. Privilegiertes Bürgerliches Grenadierkorps* bezeichnete Verband bestand 1809 fortan aus einer Division zu zwei Kompanien, jede von einem Hauptmann angeführt. Die Soldaten trugen schwarze Röcke mit schwefelgelben Abzeichen und goldenen Knöpfen, dazu blaue Hosen. Als Kopfbedeckung diente die Bärenmütze der kaiserlichen Grenadiere. Als Vorrecht der Grenadiere galten die Säbel, die in messingbeschlagenen schwarzen Lederscheiden getragen wurden. Die Offiziere trugen goldene Achselbänder, Unteroffiziere goldene Epauletten; Mannschaften trugen eine goldene Schlaufe an der linken Schulter. Die Ausrüstung entsprach derjenigen der regulären K.K. Infanterie.

Die Stadt Wien stellte zwischen 1806 und 1807 drei Grenadierdivisionen aus Freiwilligen auf, die zu einem Regiment zusammengefasst wurden. Die erste Division trug Röcke aus blauem, die 2. Division solche aus grünem Tuch. Die dritte Division war grau montiert.

32 Müller, Franz: *Die kaiserlich-königliche österreichische Armee seit Errichtung der stehenden Kriegsheere bis auf die neueste Zeit*, Bd. 2, Gottlieb Haase Söhne, Prag 1845

Tiroler im Kampf während der Schlacht bei Wörgl am 13. Mai 1809
Ausschnitt aus dem Gemälde von Peter von Heß, Exponat der Ausstellung Napoleon und Bayern 2015 im Bayerischen Armeemuseum Ingolstadt, Fotografie Markus Stein.

DER TIROLER AUFSTAND 1809

Tirol nach dem Frieden von Pressburg

Als Folge des Friedensschlusses von Pressburg hatte Österreich Tirol an das neu gegründete, dem Rheinbund zugehörige Königreich Bayern abtreten müssen. Im Jahr 1806 begann das Königreich Bayern mit der kompletten Eingliederung Tirols in den bayerischen Staat. Der ehemalige Hofkommissär Graf Arco wurde von König Max Josef und seinem Minister Montgelas zum Generalkommissär für die neue Provinz ernannt.

Die traditionellen, oft jahrhundertealten regionalen Verwaltungs- und Herrschaftsstrukturen wurden beseitigt. Die örtlichen Klöster wurden im Zuge der von Napoleon und seinen Vasallen betriebenen Säkularisation aufgelöst und die für die Erhebung von Steuern und Abgaben verantwortliche Finanzverwaltung den örtlichen, „Landgerichte" genannten lokalen Administrationen übertragen. Die bayerische Regierung ernannte eine regionale Kammer, der lediglich das Recht zustand, Gesetzen zuzustimmen. Mit der bayerischen Verfassung vom 1. Mai 1808 galt die „Reform" als abgeschlossen. Die Verwaltung des bayerischen Staates wurde an die französische angeglichen. Das gesamte Land, einschließlich Tirol, wurde nach dem französischen Vorbild der *départements* in Kreise aufgeteilt, die nach örtlichen Flüssen benannt wurden. Der Name „Tirol" wurde zugunsten der drei neuen Kreise Inn, Eisack und Etsch abgeschafft. Die Burg Tirol bei Meran, jahrhundertelang Stammsitz der Grafen von Tirol, wurde an einen Privateigentümer verkauft – ein Umstand, der von den heimatverbundenen Tirolern als besonders schmachvoll empfunden wurde.

Es ist untersucht worden, in wie weit die Abschaffung der traditionellen Verfasstheit der Tiroler Landesadministration einen Bruch des Pressburger Friedensvertrages darstellte. Gemäß den Nachforschungen des italienischen Rechtshistorikers Voltolini hätte Tirol unter Beibehaltung seiner traditionellen „Prärogative" (Vorrechte) an das Königreich Bayern gehen müssen, *non autrement* – und nicht anders als es das seit der Herrschaft der Habsburger gewohnt war. Die Implementierung der neuen bayerischen Verfassung setzte dem Sonderstatus Tirols allerdings ein jähes Ende. Baron Josef von Hormayr nennt den Bruch der Pressburger Vereinbarungen als Hauptursache des Tiroler Aufstands und wurde hierin durch eine Erklärung Erzherzog Johanns bestätigt.

Das Königreich Bayern wurde im Zuge der von Montgelas betriebenen und durch die Verfassung von 1808 kodifizierten Verwaltungsreform in 15 Kreise unterteilt. Die ehemalige österreichische Provinz Tirol ging nun in die folgenden fünf bayerischen Kreise auf:

Illerkreis (zusammen mit Vorarlberg)
Innkreis
Eisackkreis
Etschkreis
Salzburg oder Salzachkreis

Die sogenannte Tiroler Landesverteidigung erhielt ihre eigenen Divisionen, die, wenn auch inoffiziell, die altehrwürdigen militärischen Traditionen und das Rekrutierungssystem zunächst weiterhin anerkannten[33]. Die Divisionen wurden weiterhin „Aufgebote" genannt, die Kämpfer behielten die traditionelle Bezeichnung „Schützen" bei. Der Illerkreis (XII) besaß mit Lindau eine größere unabhängige Stadt und die folgenden Landgerichte:

Bregenz; Buchhorn; Dornbirn; Feldkirch; Füssen; Grönenbach; Immenstadt; Inner-Bregenzerwald; Kempten; Leutkirch; Lindau; Montafon; Oberdorf (Marktoberdorf); Obergünzburg; Ravensburg; Reutte (bis 1810 zum Innkreis gehörig); Schongau; Sonnenberg; Sonthofen; Tettnang; Wangen; Weiler

Der Tiroler Innkreis (XIII) umfasste Innsbruck und folgende Landgerichte:

Fürstenburg; Glurns; Hall; Imst; Innsbruck; Kitzbühel; Kufstein; Landeck; Rattenberg; Reutte; Schwaz; Silz; Steinach; Stubai; Telfs

Der Tiroler Eisackkreis (XIV) umfasste neben Brixen und Bozen die Landgerichte:

Bozen; Brixen; Bruneck; Klausen; Lienz; Meran; Sillian

Der Welschtiroler bzw. Etschkreis (XV) umfasste Trient und die Landgerichte:

Condino; Cles; Malé; Welschmez (Mezzolombardo); Trient (Trento); Cavalese; Rovereto (Roveredo); Civezzano (Val Cembra); Riva; Pergine; Levico

Der Salzachkreis hatte neben dem Hauptort Burghausen als weitere Stadt die freie Stadt Salzburg und einige Tiroler Landgerichte:

Fügen; Lungau; Pinzgau; Pongau; Zillertal; Matrei

33 Als konkreter Anlass für den Tiroler Aufstand wird der Versuch der bayerischen Regierung gesehen, in Tirol Soldaten für das bayerische Heer auszuheben, ein klarer Bruch der Wehrverfassung (Anm. d. Ü.).

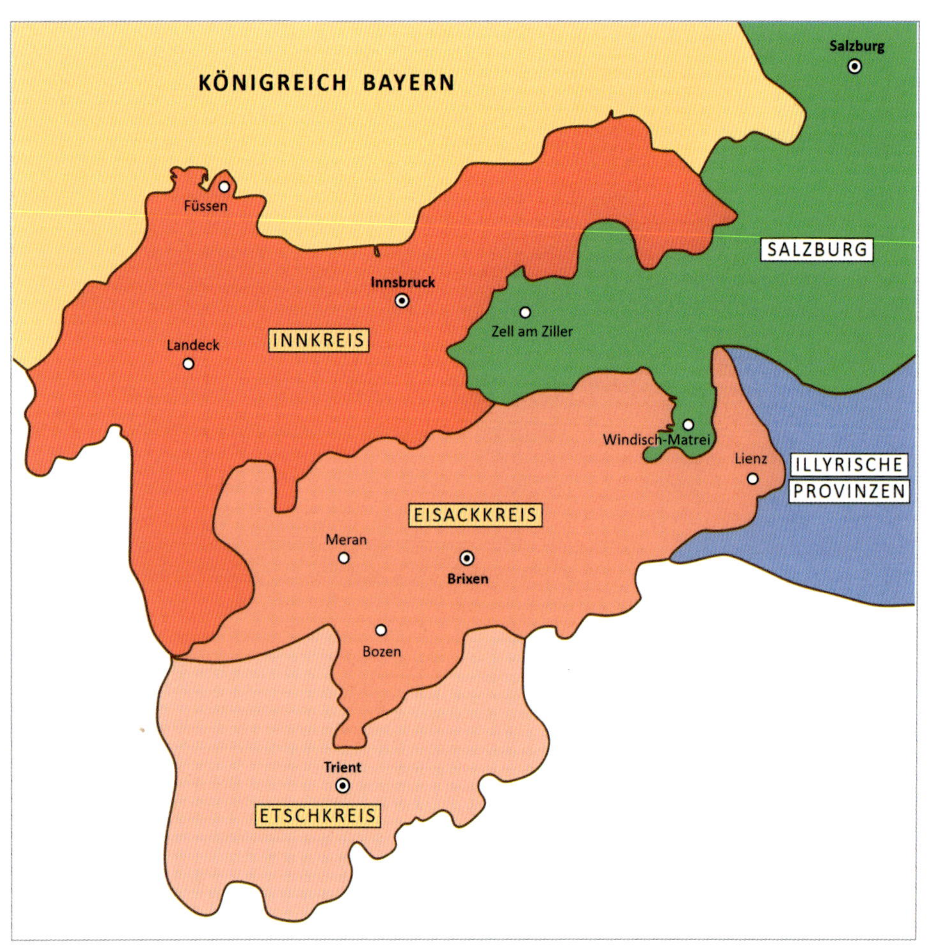

Bayerische Kreise und Viertel im Jahr 1806 (Tiroler Gebiete und Vorarlberg)

I	Unterinntal und Wipptal	Unterinntal (1. Viertel)
		Wipptal (2. Viertel)
II	Oberinntal	Oberinntal (3. Viertel)
		Oberer Vinschgau (4. Viertel)
III	Etsch, Burggrafenamt, Vinschgau	Unterer Vinschgau (4. Viertel)
		Burggrafenamt (5. Viertel)
		Etschland (6. Viertel)
IV	Wipp- und Pustertal	Eisacktal (7. Viertel)
		Pustertal (8. Viertel)
V	Trient	
VI	Rovereto und italienische Grenze	Rovereto, ital. Grenze (9. Viertel)
VII	Vorarlberg	
	[*Zusätzlich Teile Salzburgs und Kärntens*]	

Nach 1808

XII	Illerkreis (Vorarlberg)
XIII	Innkreis (nördliches Tirol)
XIV	Eisackkreis (Südtirol)
XV	Etschkreis (Welschtirol)

Zentrales Wappen auf der Fahne einer Tiroler Schützenkompanie
Exponat der Ausstellung zum Feldzug von 1809 im Bayerischen Armeemuseum Ingolstadt, Fotografie Markus Stein.

Während des Tiroler Aufstands rief die bayerische Regierung die Landesdefension in den Inn-, Eisack- und Etschkreisen aus, doch erwies sich diese Maßnahme angesichts der nachfolgenden Ereignisse als kurzlebig und ineffektiv.

Ab dem 4. Juni 1809 waren die Tiroler Aufständischen wie folgt organisiert:

Oberkommandant für das Inntal: Martin Teimer
Oberkommandant für das südliche Tirol: Andreas Hofer

Hinzu kamen Intendant Joseph von Hormayr, die K.K. Generäle Ignaz von Buol und Josef von Schmidt, die Unterintendanten Karl von Menz, Anton von Roschmann und Philipp von Wörndle; K.K. Rittmeister Franz von Banizza, Major August von Leinigen, Hauptmann von Stainer.

Darüber hinaus gab es 16 sogenannte Defensionskommissäre, die dem Haus Habsburg treu ergeben waren: von Reich (Bozen), von Bombardi (Salurn), Joseph von Morandell (Kaltern), Josef von Resch (Fleimstal), Valentin Tschöll und Heinrich von Vinschgau (Meran), Franz Frischmann (Schlanders), Johann M. Senn (Nauders), Ferdinand Fischer (Landeck), Johann Strele (Imst), Augustin von Plawen (Reutte), Johann G. von Dietrich (Lermoos), Anton Aschbacher (Achental), Rupprecht Wintersteller (Kitzbühel), Jakob Sieberer (Kufstein), Johann von Kolb (Lienz) und K.K. Hauptmann Friedrich von Daubrawa (Scharnitz).

Andreas Hofer
Ölbild von Placidus Jakob Altmutter aus dem Städtischen Museum Bozen, aus dem in einer Auflage von 400 Exemplaren veröffentlichten Prachtwerk „Erzherzog Karl – Der Feldherr und seine Armee", Wien 1913. (Sammlung Markus Stein)

Erzherzog Johann und Andreas Hofer rufen die Tiroler zu den Waffen

Am 8. April 1809 unterschrieb Erzherzog Johann in Villach eine Erklärung, die diejenigen Tiroler, die dem Kaiser treu ergeben seien, zu den Waffen gegen die bayerischen Unterdrücker rief. Auch der kommandierende General des VIII. österreichischen Korps Marquis Johann Gabriel de Chasteler und Intendant Baron Joseph von Hormayr unterschrieben den Aufruf, der sich wie ein Lauffeuer verbreitete und von den Kanzeln der Kirchen herab verlesen wurde.

Erzherzog Johanns Erklärung[34] richtete sich insbesondere an den Tiroler Landtag, dessen Aufgabe es seit jeher gewesen war, die lokalen Milizbataillone und Scharfschützenkompanien aufzustellen, die stets nach ihren Heimatvierteln oder Landgerichten benannt wurden. Die Männer wurden angewiesen, sich mit Waffen, Ausrüstung und Proviant an den dafür vorgesehenen Plätzen zu versammeln. Als Orte wurden Bruneck, Innsbruck, Schwaz, Imst, Glurns, Meran, Bozen, Pergine, Trient, Cles, Tione und Arco festgelegt. Wichtigste militärische Aufgabe war zunächst die Sicherung der örtlichen Verbindungswege.

34 Die Anweisungen Erzherzog Johanns sind nachzulesen in: Baron Hormayr, Joseph zu Hortenburg/Erzherzog Johann von Österreich: *Land Tirol und der Tirolerkrieg von 1809. Band 1 der Geschichte Andreas Hofer's, Sandwirth aus Passeyr, Oberanführers der Tiroler im Kriege von 1809: Durchgehends aus Originalquellen, aus den militairischen Operationsplaner, sowie aus den Papieren des Freiherrn von Hormayr, Hofer's, Speckbacher's, Wörndle's, Eisenstecken's, Ennemoser's, Sieberer's, Aschbacher's, Wallner's, der Gebrüder Thalguter, des Kapuziners Joachim Haspinger's und vieler anderer.* F. A. Brockhaus, Wien 1845.

Görz-Küstenland

Landwehr der Küstenländer

Triester
Kaufleute-Patrizier-Korps

Cordonbataillon Triest

Tiroler Landsturm und andere
österreichische Landwehrtruppen

Heimkehrender Tiroler Landsturm von Franz von Defregger

Jede Landesschützen- oder Landsturmkompanie[35] wurde von einem (Landes-) Hauptmann oder Kapitän geführt. Erzherzog Johanns Edikt legte die Kriterien für die Wahl dieser Hauptleute fest. Inzwischen wurde der Verwalter der Landeshauptmannschaft, Graf Ignaz von Tannenberg, zum K.K. Kämmerer für Tirol ernannt.

Die Tiroler Schützen[36] im Jahr 1809

Die besondere Tiroler Wehrverfassung, das sogenannte Landlibell Kaiser Maximilians I. von 1511, sah vor, dass die örtlichen Kontingente, die K.K. Schützenkompanien[37] und der Landsturm[38], lediglich zur unmittelbaren Landesverteidigung verpflichtet waren. Darüber hinaus war eine Unterstützung der regu-

35 Unter dem Begriff „Landsturm" lassen sich im Zusammenhang mit der Tiroler Wehrverfassung hauptsächlich in Notsituationen ausgehobene, irreguläre militärische Verbände zusammenfassen, die aus nicht ausgebildeten Freiwilligen oder Veteranen bestanden, die zu alt waren, um noch in der Landwehr zu dienen. Auch Jungen, die aufgrund ihres Alters noch nicht für den Dienst in der Landwehr infrage kamen, dienten im Landsturm (vgl. die Tiroler Standschützen im Ersten Weltkrieg, Anm. d. Ü.). Der Landsturm trat lediglich im Fall einer Invasion Tirols zusammen und gelobte im Jahr 1809 angesichts der bayerisch-französischen Invasion Widerstand bis zum Äußersten.

36 Während der Landsturm mitunter sogar mit solchen primitiven Waffen wie Piken, Sensen und Morgensternen ausgerüstet war, trugen Schützen stolz ihre eigenen Stutzen und Büchsen, im Gegensatz zu den Feldjägern allerdings ohne Bajonett – der Nahkampf wurde mit dem Kolben geführt. Als Kleidung und Uniform diente die ländliche Tiroler Tracht. In Nordtirol wurden 170 Kompanien aufgestellt, die aus den einzelnen Landgerichten oder den größeren Ansiedlungen und Städten stammen konnten. Eine ähnliche Anzahl Truppen stellte auch Südtirol. Insgesamt dienten zwischen 1796 und 1813 etwa 36 000 Schützen und etwa 40 000 Landsturmmänner in Tirol. Mehr als 2 000 Tiroler ließen in den „Franzosenkriegen" ihr Leben.

37 Tiroler Schützen- und Landsturmkompanien waren wie folgt organisiert: 1 Hauptmann oder Capitän-Leutnant, 1 Ober-Lieutenant, 1 Unter-Lieutenant, 1 Fähnrich, 2 Feldwebel, 12 Corporals, 2 Zimmerleute, 2 Tamboure und 150 bis 180 Mannschaften (Schützenkompanien waren mit 120 bis 150 Schützen etwas kleiner). Zusätzlich zu seiner Büchse und seiner persönlichen Ausrüstung und Verpflegung trug jeder „Schütz" einen gebogenen Bergstock, der es ihm ermöglichte, sich sicher im heimischen Gebirge zu bewegen.

38 Die kaiserlichen Regularien von 1799 und 1802 legen für die Landesdefension folgende neue Richtlinien fest:
Die Tiroler Landmiliz wurde in „Zuzugs- und Landesverteidigungsmannschaft" umgetauft. Die alte Regelung der sogenannten Landmilizregimenter wurde aufgegeben. Diese Regimenter waren in zwei Bataillone zu je sechs Kompanien organisiert gewesen. Fortan gab es Schützen-, Landesschützen- und Landesverteidigungskompanien. Zeitgleich wurden neue Instruktionen für die Tiroler Landesschützen erlassen:

lären österreichischen Armee auf anderen Kriegsschauplätzen ausdrücklich nicht vorgesehen.[39] Dennoch kämpften einzelne Tiroler Verbände im Jahr 1809 auch in den Alpentälern um Salzburg, in Kärnten und in Vorarlberg.

Der Tiroler Landsturm war am 18. Oktober 1805 durch kaiserliches Patent[40] offiziell ins Leben gerufen worden, ehe die Niederlage in der Schlacht bei Austerlitz die österreichische Defensivstrategie zunichtemachte. Zunächst war vorgesehen, dass sich der Landsturm organisatorisch von den Schützen- und Scharfschützenkompanien unterscheiden und eigenständige Kompanien bilden sollte. Auch eine Aufstellung größerer Verbände in Bataillonsstärke war zunächst vorgesehen gewesen. Da es jedoch an geeigneten Offizieren und ausgebildeten Unteroffizieren und Mannschaften mangelte, verschmolzen beide militärischen Elemente in vielen Tiroler Gebieten stillschweigend miteinander.

Ein Landwehrbataillon[41] umfasste schließlich eine Schützenkompanie[42] und sechs Kompanien Landsturm. Alle Bataillone wurden nummeriert und erhielten eine Bezeichnung nach ihrem Heimatbezirk. Obwohl die Bataillone die größte taktische Einheit bilden sollten, kam es in der Praxis auch zur Bildung von größeren gemischten Verbänden. Je nach taktischer Situation, wurden die Schützenkompanien des Öfteren getrennt von den Landsturmkompanien eingesetzt.

Die Tiroler Schützen verwendeten Stutzengewehre aus persönlichem Besitz. Durch Jagd und regelmäßige Schießübungen von Jugend an geschult, waren sie geschickte und gut ausgebildete Scharfschützen.

Die kaiserlichen Dekrete von 1805 unterzogen den Bezirks- und Landsturm einer Neuorganisation. Alle dienstfähigen Männer zwischen 18 und 60, die nicht bereits in den Schützenkompanien oder anderweitig militärisch erfasst waren, mussten fortan im Landsturm dienen. Der Landsturm (auch „Sturmmassa" genannt) sollte in Kompanien zu 120 bis 160 Mann organisiert sein. Offiziere und Unteroffiziere sollten von den Sturmmännern selbst gewählt werden. Diejenigen, die keine eigene Feuerwaffe besaßen, waren mit Stangenwaffen auszurüsten.
Da für den Landsturm kaum Ausbildungszeit vorgesehen war (einige Tage pro Jahr wurden als ausreichend betrachtet), sollten die Männer im Einsatzfall zwar Fourage, jedoch keinen Sold erhalten.

39 Freiwillige durften aber grundsätzlich außerhalb der Landesgrenzen in den regulären Regimentern dienen (Anm. d. Ü.).

40 "Art.1: all City Counselors, Authorities and Town Rulers had to enlist all fit-to-duty men, aged 18-60, in order to avoid any attempt to restore the old local Landmiliz. List had to be compiled with names, original locations and residence, age and profession.
Art. 2: from the total number of virtual soldiers in a stated location, there had to be taken the Sixt part and assigned to the Landsturm service, in order to mantain an opportune number of men at home for works, to grant the civil good order and to grant to the "Land Defenders" all the necessary supplies. This measures had the task to avoid thet men could reach the Sturmmasse directly from the fields or the towns, creating chaos in the organization.
Art. 3: the City Counselors (Stadtmagistrate), the Local Authorities (Ortsobrigkeiten), the Parrish Towns and Common Towns Rulers had to organize them into companies, or with the old term in Rotten or Schaaren, made by 120 – 160 men. No such companies or Sturmrotte had to have lesser numbers of troopers. If a Communal Court (Gericht) did not have numbers enough to form a company, it had to devolve those members to another company of a nearby town or village. Expecially they could form half-companies till a total strength of less than 50 men, attaching it to another composite formation.
Art. 4: every such Compagnierotte or Schaare had to have a Captain (an Hauptmann) or a leader called Sturmanführer, two lieutenants or Unteranführer, and a number of corporals (Corporals) in a proportion of 1 for 15 troopers (Gemeine). All officers (Anführer) had to be directly chosen by local Authorities.
Art. 5: by the greater towns there could be organized more than one Company and, this Sturmmasse, could be gathered in larger units of 6 companies or more, under the command of two Oberanführer (Majors).
Art. 6: with these instructions the City Counselors (Stadtmagistrate) and the Local Authorities (Ortsobrigkeiten) could organize companies, leaders, NCO and finally troopers. Every captain had to form and to train his company for 14 days and then transfer the lists to the superior Court for records of the local manpower.
Art. 7: every man, recruited by the Circle (Kreis or Bezirk) or by the Canton (Viertel), had the possibility to fail during the attempts to use the firearms assigned to them. So every Weapons-Master of each local armories had to be ready to help the Landssturmer, teaching them the correct use of firearms. In the same time when it could be impossible to supply the Sturm with thousands of firearms, they could refuse the use of the few firearms, of which they had no experience, and could use alternative weapons like long poles, pikes, morningstars, hacks (and so on) or every offensive device which could scare the enemies... This applied also on supplies of shovels, hachs, knives etc.
Art. 8: sometimes, by the territorial principalities or land Defensivecommittes (Schutzdeputationen) the Circle or Canton Landsturm could be called to arms and could be split into some or many contingents, with the local Authorities having the task to gather them near the church or in an opportune place (Gerichts=Sammelplatz). This generated the necessity the Authorities had to have the complete records of the local Orders of battle in terms of company men and officers ..."

41 Der Tiroler Landsturm und die Schützenkompanien führten in der Regel grün-weiße Fahnen. Auf einer Seite des Fahnenblattes befand sich der kaiserliche Doppeladler, auf der anderen ein Schutzpatron oder ein ähnliches religiöses Motiv; auch das Wappentier Tirols, der rote Adler, diente als Fahnenabzeichen. Die Fahne eines Bataillons wurde vom Fähnrich getragen und von den tapfersten Männern der Einheit geschützt. Noch heute ist eine Fahnenweihe bei den Tiroler Schützen ein festliches gesellschaftliches und religiöses Ereignis.

42 Bei den Schützen handelte es sich um lokale Freiwillige, die sich hauptsächlich aus den Tiroler Bergbauern und Wildschützen rekrutierten. Diese Männer waren den Umgang mit Feuerwaffen gewohnt und nahmen an regelmäßigen Übungen teil. Ihr Ursprung wird gemeinhin auf das „Landlibell" Kaiser Maximilians I. zurückgeführt, allerdings belegen die Quellen die Existenz von Schützen bereits ein halbes Jahrhundert vorher: Am 20. Mai 1468 stellte der Fürstbischof von Trient, Johannes Hinderbach, dem Grafen Sigismund von Tirol einige „Schützen" zur Verteidigung der Festung Buonconsiglio an. In dieser Quelle findet sich erstmalig die Bezeichnung „Schütze". Am 10 August 1487 stellten die Bürger mehrerer Tridentiner Städte dem Bischof bewaffnete Bauern zur Verfügung, um den Vormarsch venezianischer Truppen bei Calliano aufzuhalten.
Am 24. Juni 1511 schließlich schloss Kaiser Maximilian I. mit den Fürstbischöfen von Trient und Brixen und den Tiroler Landständen eine Militärkonvention, das berühmte „Landlibell". Die getroffene Vereinbarung sah vor, dass im Falle eines Angriffs auf die Gebiete Tirols und Trients die örtlichen Herrscher berechtigt waren, im Verhältnis zum Ausmaß der drohenden Gefahr zwischen 5 000 und 20 000 Mann zur Verteidigung des Landes aufzustellen. Diese waren allerdings lediglich zur Landesverteidigung verpflichtet und durften nicht außerhalb der Landesgrenzen eingesetzt werden. Je nach Bezirk entschieden die Bischöfe oder die kaiserlichen Behörden in Innsbruck über die Anzahl der aufzustellenden Kompanien.

Bei den regelmäßigen Übungen wurden für die besten Schützen Preise ausgelobt. Am effektivsten war ihr Feuer auf 150 bis 300 Schritt (90–180 Meter)[43] im nichtaufgelegten Schuss. Die Wehrmänner des „Massenaufgebotes", wie der Landsturm auch genannt wurde, verfügten hingegen z. T. über veraltete Waffen wie etwa Steinschlossmusketen und Pistolen, sodass ihr Feuer nicht ganz so gefürchtet war wie das der Schützen. Einige besaßen überhaupt keine teuren Feuerwaffen und behalfen sich mit Stangenwaffen mit Lanzenspitzen und Sensenblättern. Darüber hinaus verfügten einige Kompanien über – freilich veraltete – Gebirgsgeschütze, mit denen traditionell die Bergpässe verteidigt wurden. Im Jahr 1809 gelang es den Tirolern allerdings, nicht weniger als elf bayerische, sieben italienische und zwei französische Kanonen zu erbeuten. Während der Gegenoffensive gegen die bayerischen Truppen sollten weitere Geschütze in die Hände der Aufständischen fallen.

Die Offiziere

Der höchste Dienstgrad in der Tiroler Landesdefension war derjenige des Oberkommandanten. Im Jahr 1809 wurde dieser Rang von dem Gastwirt („Sandwirt") Andreas Hofer bekleidet. Sogenannte „Kommandanten" und „Unterkommandanten" führten mehrere Schützenbataillone und -kompanien. Einzelne Bataillone wurden von Majoren, Kompanien von Hauptleuten befehligt.

Als in Tirol noch die Fürstbischöfe herrschten, konnte ein Hauptmann bzw. Capitän-Leutnant seinen Posten nur antreten, wenn er vom Bischof in seinem Amt bestätigt worden war. Dieser erteilte dem Hauptmann ein schriftliches Patent, welches diesen berechtigte, zur Landesverteidigung Offiziere und Schützen anzuwerben und seine Kommandogewalt in den einzelnen Kompanien an einen Premier- und einen Secondeleutnant zu delegieren.

Nachdem die deutschen Fürstbistümer im Herbst 1802 aufgelöst worden waren, wurde die Bestätigung der Offizierspatente sogenannten „Defensions-Deputationen" überantwortet, ein System, welches sich allerdings rasch als vollkommen unpraktikabel erwies. Letztendlich oblag die Ernennung der Offiziere den Tirolern selbst, die sich ihr Recht, ihre eigenen Anführer zu wählen, von niemandem streitig machen ließen.

Tracht oder Uniform?

Mit der Aufstellung stehender Heere im 17. Jahrhundert begann sich die Idee einer einheitlichen Kleidung für Soldaten durchzusetzen. Den Tiroler Bauern war diese Idee fremd geblieben, sie waren es gewohnt, ihre heimische Tracht und Arbeitskleidung auch im Krieg zu tragen. Während der ersten Auseinandersetzungen mit den Franzosen in den Jahren 1796/97 hatte man es sich zur Gewohnheit gemacht, am Hut eine hellgrüne Kokarde zu tragen und die Röcke mit hellgrünen Kragen und Aufschlägen auszustatten, um als reguläre Kombattanten zu gelten (Napoleon hatte zunächst gedroht, die Tiroler „Freischärler" im Falle ihrer Gefangennahme als Wegelagerer und Plünderer kurzerhand erschießen zu lassen).

Die Tiroler Männertracht, die sich in den vergangenen Jahrhunderten kaum verändert hat, bestand im Wesentlichen aus einer Lodenjoppe[44] und Kniehosen aus Stoff oder Leder. Dazu wurden breite Hosenträger aus Stoff mit einem Mittelsteg und ein breiter Gürtel getragen, der sogenannte „Zirm". Das Lodenwams wurde je nach Wohlstand des Trägers, mit goldenen Knöpfen oder solchen aus Hirschhorn verschlossen. Das weiße leinerne Hemd mit weiten Ärmeln wurde „Pfoad" genannt und mit oder ohne Kragen getragen. An den Füßen trugen die Tiroler Männer sogenannte „Bulgari"-Schuhe aus Leder und Weiden- oder Birkenrinde.

Die Offiziere trugen grundsätzlich die gleiche Tracht wie die Schützen, doch trugen sie meist zusätzlich eine im Italienischen *panciotto* genannte zweireihige Weste und einen als *gabbana* oder *veladino*[45] bezeichneten Rock aus hellblauem Stoff mit grünen Aufschlägen. Ergänzt wurde diese Bekleidung durch die üblichen ledernen Kniebundhosen und weiße Strümpfe. Zu Beginn des Jahres 1800 hatte der Landeshauptmann von Tirol den Schützen befohlen, in einheitlicher Kleidung anzutreten, bestehend aus Rock (*veladino*), Kniebundhose und Weste.

An ihren breitkrempigen Hüten trugen die Schützen den typischen regionalen Schmuck aus Adler-, Geier- oder Birkhuhnfedern. Die Hüte bestanden im Wesentlichen aus grünem oder schwarzem Filz und wurden aufgrund ihrer stumpfkegeligen Form auch als „Stumpen" bezeichnet. Die konkrete Form des Hutes unterschied sich in Details von Tal zu Tal, doch unterschied man grundsätzlich zwischen kegelförmigen Hüten mit breitem Hutband und runden Hüten, die im Volksmund „Knödelhüte" genannt wurden.

43 Die verwendete Maßeinheit war der Klafter. Ein Klafter entsprach 6 Fuß bzw. 2,5 Schritten. Ein Schritt maß 2 Wiener Fuß; 1 Fuß (bzw. Schuh) entsprach 12 Zoll (31 cm; 1 Zoll maß 2,63 cm). Demzufolge war ein österreichischer Schritt etwa 62 cm lang.

44 Loden wird aus ungewaschener Schafswolle gefertigt, die gesponnen und anschließend traditionell mit den Füßen in Wasser gewalkt wird. Der Trocknungsprozess erzeugt eine Verdichtung des Stoffes und bewirkt zusammen mit dem natürlichen Wollfett seine klassische Undurchlässigkeit für Wasser und Kälte.

45 Die italienischen bzw. Welschtiroler Wörter *veladino* und *gabbana* stammen aus dem Trentino. Es handelte sich hierbei um einen nicht gegürteten langen, weit geschnittenen Mantel, der oft über eine Kapuze verfügte und mit Pelz gefüttert war.

ÖSTERREICHISCHE ORDRE DE BATAILLE IN TIROL 1809

Oberdrauburg (Oberkärnten) am 18. April 1809

Korps des FML Marquis Johann Gabriel Chasteler de Courcelles (1763–1825)

Generalstab:
Aide-de-corps GM Adjutant Baron Franz Karl Veyder-Mahlberg (1775–1830), Major Leopold Josef Ritter von Lebzeltern (1783–1836; zuständig für die Korrespondenz mit Wien) und Major Csorich von Monte Creto. Aides-Brigadiers: Ignaz Graf Brandis, Oberst (später GM) Joseph Baron Schmidt (1750–1810), Kommandeur IR 53 (Johann Jellačič); Avantgardeführer FML Baron Zach, Streifkorpsführer Major Lanotte, Landwehroberst Auracher und Oberst-Lieutenant Bonomo als Kommandeur der Genietruppen.
Korps-Artillerie: 1–4 Geschütze, 5 Haubitzen, 2 Sechspfünder, 1 dreipfündige Kavalleriebatterie
Brigade Buol: 3 bayerische Sechspfünder, 2 Dreipfünder, 3 Sechspfünder, 4 Dreipfünder, 1 Bergkanone
Brigade Fenner: 2 Dreipfünder, ½ Batterie Sechspfünder
Brigade Marschall: 8 Geschütze - ½ Brigadebatterie und eine Positionsbatterie; 2 Dreipfünder
Brigade Schmidt: 4 Dreipfünder
Gruppe Göldlin: 1 Dreipfünder;
Gruppe Leiningen: 1 Geschütz, 2 Haubitzen, 2 Dreipfünder;
Gruppe Reissenfels: 4 bayerische Sechspfünder, 2 Haubitzen, 2 Sechspfünder;
Gruppe Seppenburg: 3 Kavalleriegeschütze, 2 Dreipfünder;
Gruppe Frimerson: 1 Dreipfünder;
Gruppe Taxis: 1 Dreipfünder, 1 Sechspfünder, 2 weitere Geschütze

Brigade GM Baron Franz Philipp Fenner von Fenneberg (1762–1824)

3 Sechspfünder (½ Kavalleriebatterie)
Zunächst Landwehrbrigade der Division Lippa unter Kerpen (Innerösterreich),
danach im Korps Chasteler:
1. Kolonne: IR 26 Hohenlohe-Bartenstein (1 Bataillon), Feldjägerbataillon Nr. 9 (2 Kompanien), Chevaulégersregiment Hohenzollern Nr. 2 (1 Halbeskadron), 1 Sechspfünder, 1 Haubitz
2. Kolonne: IR 26 Hohenlohe-Bartenstein (3 Kompanien), 3 Bataillone Klagenfurter Landwehr, 2 Bataillone Villacher Landwehr
Spätere Zusammensetzung: IR 16 Lusignan (3 Bataillone), Feldjägerbataillon Nr. 9 (2 Kompanien), Chevaulégersregiment Hohenzollern Nr. 2 (1½ Eskadrons), 2 Bataillone Judenburger Landwehr, 1 Bataillon Villacher Landwehr, 3 Bataillone Klagenfurter Landwehr
Danach: IR 52 Erzherzog Franz Karl (1 Bataillon), IR 53 Johann Jellačič (2 Bataillone), 2. Banalregiment Grenzinfanterie GR 11 (1 Bataillon), 2 Kompanien Inneröstereichische Freiwillige, 2. Bataillon Brucker Landwehr, 1 Bataillon Klagenfurter Landwehr, 1 Bataillon Villacher Landwehr, ½ Eskadron Chevaulégersregiment Hohenzollern Nr. 2, 3 Dreipfünder.
Weiterhin dienten: 1. Bataillon IR 26 (Hohenlohe-Bartenstein), Feldjägerbataillon Nr. 9, 1 Eskadron CR 2, ½ Kavalleriebatterie Tiroler Landsturm
Nach der Schlacht bei Wagram als Division zur Armee Innerösterreichs.

K.K. Chevaulégersregiment Nr. 2 Prinz Friedrich Xaver von Hohenzollern-Hechingen

(3 Eskadrons)

K.K. IR 16 FZM Marquis Franz de Lusignan[46]

(3 Bataillone)

K.K. IR 26 FML Fürst Ludwig von Hohenlohe-Bartenstein

(3 Bataillone)

K.K. Feldjägerbataillon Nr. 9 („Kärntner Jäger“)

Kommandeur: Major, später Oberst-Lieutenant Baron Carl Göldlin von Tieffenau

Villacher Landwehr (2 Bataillone)
1. Bataillon (Villach) – Major Johann Graf Sardagna
2. Bataillon (Sachsenburg) – Major Hieronymus Maria Graf Lodron

Klagenfurter Landwehr (3 Bataillone)

1. Bataillon (Klagenfurt) – Major Franz Graf Ursenbeck
2. Bataillon (Althofen) – Major Anton von Leiss
3. Bataillon (Lavamünd) – Major Douglas Graf Dietrichstein

Judenburger Landwehr (2 Bataillone)

1. Bataillon (Judenburg) – Major Baron Tartler, danach Major Baron Franz Werner
2. Bataillon (Rottenmann) – Major Johann Nepomuk Schiffer

46 FML Lusignan wurde bei Teugn schwer verwundet und nahm einen Monat später, nunmehr zum Feldzeugmeister befördert, seinen Abschied.

Brucker Landwehr
(2 Bataillone)

1. Bataillon (Mürzzuschlag) – Major Franz von Stransky
2. Bataillon (Leoben) – Major Ignaz von Gollnhofer
Kämpfte innerhalb der Division Jellačič, Armee Innerösterreichs.
Nach der Schlacht bei Wagram wurde aus dem 1. Bataillon (Mürzzuschlag) und den Resten des 2. Bataillons (Leoben) das 1. Kombinierte Steirische Landwehrbataillon aufgestellt.

Brigade Chevalier Marchal v. Berelat
(geb. 1764 in Blâmont/Lothringen, gest. 1823)
Von der Armee Innerösterreichs:
IR 16 (Lusignan), IR 26 (Hohenlohe-Bartenstein); CR2 (Hohenzollern-Hechingen)
Die Brigade wurde von der Armee Innerösterreichs abgeordnet (IR 16 und 26, CR 2); später bildete sie einen Bestandteil des Korps Chasteler (IR 26, FJ 9, CR 2, je 1 Bataillon Villacher und Brucker Landwehr).
Abgeordnete Brigade im Korps Chasteler:
2 Bataillone IR 26, 1 Bataillon IR 53, 4 Kompanien 2. Banalregiment (GR 11), 1 Eskadron CR 2, 2 Dreipfünder, 1 Haubitze.
Schließlich im Korps Chasteler: 2 Bataillone IR 26, 1 Bataillon IR 16, 2 Eskadrons CR 2, 1 Positionsbatterie, 2 Bataillone Villacher Landwehr.
Positionsartillerie: 6 Sechspfünder
Brigadeartillerie: 8 Dreipfünder

Brigade GM Baron Joseph Ignaz Buol zu Bärenberg (1749–1817) – ursprünglich beim V. Korps.
Baron Buol war Hofkommissär, Kommandeur in Nordtirol und offizieller Berichterstatter des Hofkriegsrates.
Vor der Schlacht bei Aspern:
Brigade Division Lindenau, V. Korps, IR 2 (Baron Hiller), IR 33 (Sztáray), je 1 Brigade- und Positionsbatterie aus Sechspfündern.
Brigade im Korps Chasteler:
3 Kompanien IR 16 (Lusignan), 4 Kompanien IR 45 (Devaux), 2 Kompanien Salzburger Jäger, 2 Eskadrons CR 2 (Hohenzollern-Hechingen), 3 Sechspfünder und vier Dreipfünder; später nach Tirol entsandt.
Als selbständig operierender Verband:
IR 45 (Devaux), 1 Bataillon IR 26 (Hohenlohe-Bartenstein), 1 Kompanie FJ 9, 2 Kompanien Salzburger Jäger, 1 Bataillon Klagenfurter Landwehr, 1½ Eskadrons CR 2 (Hohenzollern-Hechingen), ½ Eskadron CR 3 (O'Reilly); *oder* 4 Kompanien IR 45 (Devaux), 2 Kompanien IR 16 (Lusignan), 4 Kompanien Salzburger Jäger, 2 Kompanien FJ 9, 2 Eskadrons CR 2 (Hohenzollern-Hechingen), 3 bayerische Sechspfünder, 2 Dreipfünder, 1 Bergkanone.

Avantgarde FML Baron Zach
Avantgarde des Korps Chasteler; 3 Kompanien IR 45 (Devaux), 1 Kompanie FJ 3, ½ Eskadron CR 2 (Hohenzollern), 1 Kompanie Salzburger Landwehr.
Gruppe Ertel (Oberst-Lieutenant Hermann Dominik Ritter von Ertel, Ritter von Krelau)
Autonom operierender Verband im Korps Chasteler: 1 Bataillon IR 16 (Lusignan), Fleimstaler Landsturm.
Später autonom operierender Verband innerhalb der Brigade Buol: 3. Bataillon IR 16 (Lusignan), 2. Bataillon Brucker Landwehr, Gadertaler und Sankt Lorenzer Schützenkompanien.
Vor der Schlacht bei Wagram: Bestandteil des Tiroler Aufgebotes mit 1 Bataillon IR 16 (Lusignan), 1 Kompanie Salzburger Jäger, 40 Chevaulégers, 3 Geschützen.

Gruppe Oberst-Lieutenant Samuel von Reissenfels
Autonomer Verband, von der Division Jellačič an das Korps Chasteler abgeordnet: 4 Kompanien IR 45 (Devaux), 1 Flügel (½ Eskadron) CR 3 (O'Reilly).
Vor der Schlacht bei Wagram: 400 Soldaten des IR 16 (Lusignan), 1 Kompanie Salzburger Jäger, 20 Chevaulégers, 2 Geschütze sowie 400 Soldaten des IR 45 (Devaux), 60 Jäger, 40 Chevaulégers, 2 Dreipfünder.
Später IR 26 (Hohenlohe-Bartenstein) und IR 45 (Devaux), 1 Flügel CR 2 (Hohenzollern), 1 Kompanie Salzburger Jäger, 2 Dreipfünder, 10 Kompanien Tiroler Schützen und Landsturm.
Schließlich 4 Kompanien IR 45 (Devaux), 1 Abteilung Feldjäger (vermutlich von FJ 9), ½ Eskadron CR 2 (Hohenzollern), 1 Zug Salzburger Jäger, 2 Dreipfünder, 19 Kompanien Tiroler Schützen, 12–16 Kompanien Tiroler Landsturm.

Gruppe Oberst-Lieutenant Maximilian Joseph Fürst von Thurn und Taxis
Zwischen Aspern und Wagram: 6 Kompanien der Division Jellačič an das Korps Chasteler abgeordnet: 3 Kompanien IR 45 (Devaux), 2 Kompanien Salzburger Jäger, oder 2 Kompanien IR 45 (Devaux), ½ Eskadron CR 3 (O'Reilly), 2 Kompanien Salzburger Jäger.
Vor der Schlacht bei Wagram: 2 Kompanien IR 16 (Lusignan), 1 Kompanie Salzburger Jäger, 10 Kompanien Tiroler Schützen, 1 Flügel Chevaulégers, 12 Geschütze.

BEISPIEL EINER TIROLER ORDRE DE BATAILLE 1809[47]

Während des Tiroler Aufstands kam es zu zahlreichen Gefechten und Scharmützeln zwischen Tirolern und Österreichern und bayerisch-sächsisch-französischen Truppen. Am Innsbrucker Hausberg, dem Bergisel, kam es zu nicht weniger als vier Schlachten: Die erste Schlacht war am 12. April 1809, die zweite Schlacht am 29. Mai 1809, die dritte Schlacht am 13. August 1809 und schließlich die vierte Schlacht am 1. November 1809. Während die Tiroler in den ersten drei Schlachten siegreich blieben, endete die letzte mit einer Niederlage für die Aufständischen.

Es folgt die Tiroler Schlachtaufstellung in der dritten Bergiselschlacht:

Oberkommandant: Andreas Hofer
Adjutanten: Josef Ennermoser (Passeier), Matthias Purtscher (Schlanders), Balthasar Leiter (Algund)

Rechter Flügel (Paschberg und Ambras; Summe ca. 4 309 Mann):
Kommandeur des rechten Flügels: Major Josef Speckbacher

Am Paschberg:
Kommandant: Valentin Tschöll (Mais);
Stellvertreter: Josef Anton Wenter (Meran)
1. Algunder Schützenkompanie
(Hauptmann Peter Thalguter)
2. Algunder Schützenkompanie
(Hauptmann Matthias Keuschberger)
3. Algunder Schützenkompanie
(Hauptmann Johann Brunner)
1. Meraner Schützenkompanie
(Hauptmann von Meitinger)
2. Meraner Schützenkompanie
(Hauptmann Josef von Auckenthaler)
1. Vöraner Schützenkompanie
(Hauptmann Michael Reiterer)
Summe: ca. 2 500 Mann

1. Riffianer Schützenkompanie
(Hauptmann Johann Pircher)
1. Partschinser Schützenkompanie
(Hauptmann Sebastian Moosmüller)
1. und 2. Maiser Schützenkompanie
(Hauptmann Leopold Nägele und Johann Spitaler)
1. Schennaer Schützenkompanie
(Hauptmann Johann Brunner)
Tiroler (Meraner) Schützenkompanie
(Hauptmann Jakob Flarer)
1. Naturnser Schützenkompanie
(Hauptmann Johann Ladurner)
Summe: ca. 2 500 Mann

Iglser Schützenkompanie
(100 Schützen unter Hauptmann Paul Hilder)
Patscher Schützenkompanie
(100 Mann unter Hauptmann Georg Lienzberger)
Rinner, Tulfser und Ampasser Schützenkompanien
(Speckbacher unmittelbar unterstellt; etwa 300 Mann)

Auf dem Ambras:
Kommandant: Andrä Angerer (Volders)
Volderser Schützenkompanie
(Hauptmann Andrä Angerer; 139 Mann)
Schwazer Schützenkompanie
(Hauptmann Thomas Mayr von Zintberg; 100 Mann)
1. Thaurer Schützenkompanie
(Hauptmann Andrä Farbmacher; 121 Mann)
2. Thaurer Schützenkompanie
(Hauptmann Josef Württenberger; 119 Mann)
Ambras-Pradler Schützenkompanie
(Hauptmann Ignaz Fuchs; 100 Mann)
Rinnser, Tulfser und Sistranser Sturmmannschaft;
Lanser Bataillon
(Hauptmann Josef Rangger; 1 000 Mann)
Sarntaler Landsturmkompanie
(Hauptmann Josef Zoggele; 100 Mann)
1. Schlanderser Schützenkompanie
(Hauptmann Simon Freiseisen; 130 Mann)

Zentrum:
Rechte Kolonne (ca. 3 679 Mann)
Kommandant: Peter Mayr;
Stellvertreter: Peter Kemenater

Am Buchhof:
1. Schützenkompanie St. Leonhard im Passeier
(Hauptmann Johann Hofer; 350 Mann)
2. Schützenkompanie St. Leonhard im Passeier
(Hauptmann Andrä Ilmer; 340 Mann)
1. Schützenkompanie St. Martin im Passeier (Hauptmann Georg Lahner; 333 Mann)

Am Bergisel:
Pfeffersberger Schützenkompanie
(Hauptmann Peter Mayr; 100 Mann)
Vilnoßer Schützenkompanie
(Hauptmann Peter Aichholzer; 153 Mann)
Lajener Schützenkompanie
(Hauptmann Josef Überbacher; 230 Mann)
Grödener Schützenkompanie
(Hauptmann Franz Pineider; 103 Mann)
Griesbrucker Schützenkompanie
(Hauptmann Franz von Fenner; 97 Mann)
1. Villanderser Schützenkompanie
(Hauptmann Alois Erlacher; 141 Mann)
2. Villanderser Schützenkompanie
(Hauptmann Josef Gasser; 142 Mann)

47 Hans Schmölzer, *Andreas Hofer und seine Kampfgenossen*, Verlag Wagner 1905.

1. Barbianer Schützenkompanie
(Hauptmann Christoph Wenter; 119 Mann)
2. Barbianer Schützenkompanie
(Hauptmann Jakob Mehlhofer; 119 Mann)
Albeinser Schützenkompanie
(Hauptmann Josef Egger; 100 Mann)
Neuhauser Schützenkompanie
(Hauptmann Josef von Campi; 113 Mann)
Brixener Schützenkompanie
(Hauptmann Josef Gitzl; 100 Mann)
Schabser Schützenkompanie
(Hauptmann Peter Kemenater; 100 Mann)
Maulser Schützenkompanie
(Hauptmann Georg Hatzl; 100 Mann)
Fulpmeser Schützenkompanie
(Hauptmann M. Pfurtscheller, Kommandant der Stubaier Schützen; 101 Mann).
Neustifter Schützenkompanie
(Hauptmann Stefan Schönherr; 178 Mann)
Telfser Schützenkompanie
(Hauptmann Sebastian Gleirscher; 73 Mann)
Miederser Schützenkompanie
(Hauptmann Josef Lener; 87 Mann)
Sturmmannschaften von Pflersch, Pfitsch, Brenner, Steinach (ca. 500 Mann)

Linke Kolonne (ca. 2 303 Mann)
Kommandant: Pater Joachim Haspinger; Stellvertreter: Dr. Sebastian Mayrhofer

Auf den Natterer Höhen vor dem Plumesköpfl:
Kommandant: Josef Graf Mohr; Unterkommandant: Michael Mayr

1. Latscher Schützenkompanie
(Hauptmann Josef Lechner; 116 Mann)
2. Latscher Schützenkompanie
(Hauptmann Josef Verdross; 123 Mann)
3. Latscher Schützenkompanie
(Hauptmann Johann Oberdörfer; 172 Mann)
Marteller Schützenkompanie
(Hauptmann Sylvester Perkmann; 76 Mann)
2. Schlanderser Schützenkompanie
(Hauptmann Johann Kasserer; 125 Mann)
1. Glurnser Schützenkompanie
(Hauptmann Matthäus Platzer; 158 Mann)
2. Glurnser Schützenkompanie
(Hauptmann Anton Minig; 135 Mann)
Kastelbeller Schützenkomapnie
(Hauptmann Martin Plattner; 100 Mann)
1. Schnalser Schützenkompanie
(Hauptmann Georg Gamper; 100 Mann)
2. Schnalser Schützenkompanie
(Hauptmann Michael Gorfer; 100 Mann)

Auf den Natterer Höhen:
Kommandant: Franz Thalguter
Partschinser Schützenkompanie
(Hauptmann Franz Thalguter; 100 Mann)
Meraner Schützenkompanie
(Hauptmann Anton Prünster; 100 Mann)
Lanaer Schützenkompanie
(Hauptmann Josef Margesin; 95 Mann)
Möltener Schützenkompanie
(Hauptmann Franz Schätzer; 97 Mann)
Kastelruther Schützenkompanie (Hauptmann Simon Pfaffstaller; 60 Mann)
Gufidauner Schützenkompanie
(Hauptmann Dr. Sebastian Josef Mayrhofer; 100 Mann)
Rittener Schützenkompanie
(Hauptmann Anton Mayr; 100 Mann)
Enneberger Schützenkompanie
(Hauptmann Alois Solderer; 137 Mann)
Sarntaler Schützenkompanie
(Hauptmann Josef Oberrauch; 100 Mann)
Wolkensteiner Sturmmannschaft (209 Mann)

Linker Flügel
(Gallwiese und Husslhof; ca. 729 Mann)
Kommandant des linken Flügels: Major Georg Bucher; Adjutant: Ignaz Tiefenbrunner. Weiterer Unterkommandant: Von Pemelburg (Mals)

Axamser Schützenkompanie
(Hauptmann Wolfgang Natter; 100 Mann)
Völser Schützenkompanie
(Hauptmann Josef Nagele; 110 Mann)
Oberperfusser Schützenkompanie
(Hauptmann Jakob Jordan; 157 Mann)
Hötting-Innsbrucker Schützenkompanie
(Hauptmann Josef Schlumpf; 130 Mann)
Götzenser Schützenkompanie
(Hauptmann Josef Abenthung; 90 Mann)
Mutterser Schützenkompanie
(Hauptmann Josef Mayr; 100 Mann)
Natterser Schützenkompanie
(Hauptmann Franz Wieser; 42 Mann)

Nachhut-Reserve am linken Innufer:
(Zirl und Kranebitten)
Diese Truppen (ca. 4 050 Mann) gingen nach der Schlacht auf den Ort Hötting vor.
Kommandant: Major Firler
Flaurlinger Schützenkompanie
(Hauptmann Michael Matzgeller; 133 Mann)
Imster Schützenkompanie (97 Mann)
Mieming-Barwieser Schützenkompanie
(Hauptmann Michael Staudacher; 188 Mann)
Längenfelder Schützenkompanie
(Hauptmann Angelus Griesser; 58 Mann)
Ötz-Pipurger Schützenkompanie
(Hauptmann Franz Khuen; 128 Mann)
Ötz-Habicher Schützenkompanie
(Hauptmann Josef Neurauter; 114 Mann)
Sautenser Schützenkompanie
(Hauptmann Josef Holzknecht; 162 Mann)
Umhausener Schützenkompanie
(Hauptmann Peter Baumann; 152 Mann)
Ötz-Tumpener Schützenkompanie
(Hauptmann Ignaz Beiter; 93 Mann)
Landecker Schützenkompanie
(Hauptmann Leonhard Partholl; 161 Mann)
1. Fließer Schützenkompanie
(Hauptmann Alois von Fischer; 112 Mann)
2. Fließer Schützenkompanie
(Hauptmann Christian Stark; 177 Mann)
Fisser Schützenkompanie
(Hauptmann Franz Konrad; 96 Mann)
Kaunser Schützenkompanie
(Hauptmann Johann Schlapp; 159 Mann)
Landecker Sturmmannschaft (665 Mann)
Langtauferser Schützenkompanie
(Hauptmann Gabriel Patscheider; 104 Mann)
Reschener Schützenkompanie
(Hauptmann Matthias Lechthaler; 128 Mann)
Grauner Schützenkompanie
(Hauptmann Christian Baldauf; 109 Mann)
Haider Schützenkompanie
(Hauptmann Anton Blaas; 170 Mann)
Naudererberger Schützenkompanie
(Hauptmann Christian Nebl; 168 Mann)
Schleißer Schützenkompanie
(Hauptmann Josef Agathle; 70 Mann)
Tartscher Schützenkompanie
(Hauptmann Alois Hellrigl; 86 Mann)
Lichtenberger Schützenkompanie
(Hauptmann Johann Patigler; 85 Mann)
Schludernser Schützenkompanie
(Hauptmann Anton Schaller; 135 Mann)
Tauferser Schützenkompanie
(Hauptmann Josef Schgör; 94 Mann)

Insgesamt verfügten die Tiroler in der dritten Bergiselschlacht über etwa 15 000 bis 16 000 Mann. Die oben aufgeführten Angaben kann man den Quellen in den Archiven der Innsbrucker Statthalterei entnehmen. Ob darüber hinaus weitere Schützenkompanien an den Kämpfen beteiligt waren, ist heute nicht mehr nachvollziehbar. Die Bayern und ihre Verbündeten konnten etwa 13 090 Mann Infanterie, 1 500 Reiter und 45 Kanonen aufbieten.

Husaren auf Vorposten
Johann Baptist Seele, um 1805, Original befindet sich im Heeresgeschichtlichen Museum Wien, Fotografie Markus Stein.

Enrico Acerbi

Die Österreichische Armee von 1805 bis 1809

Wenn ein Historiker die einstige größte europäische Landmacht, Österreich-Ungarn, hätte feiern wollen, hätte er sich gewiss nicht das Schreckensjahr 1809 ausgesucht. Was für die Militärverwaltung in Wien und den Generalissimus Erzherzog Karl zum Beginn einer großen Militärreform und eines unvergleichlichen Triumphs hätte werden können, geriet zu einem der größten Katastrophen in der Geschichte des Habsburgerreiches.

Österreich verschwand nach einer Serie unglücklicher Ereignisse und militärischer Fehlentscheidungen von der Bildfläche europäischer Politik. Es verlor wichtige Territorien und, was womöglich schwerer wog, seine schlagkräftigen Armeen. Der Verfasser wird über diese Zeit berichten und die Organisation des österreichischen Heeres erläutern, angefangen bei den Rekrutierungsmethoden bis hin zu diversen Einzelheiten bezüglich der verschiedenen Einheiten. Schließlich war diese Armee bis zum Ersten Weltkrieg die größte Streitmacht, die Österreich je besessen hatte.

Band 1: Infanterie

Band 2: Grenzer, Landwehr & Jäger

Band 3: Kavallerie, Artillerie und Technische Truppen, Grenadierbataillone der Infanterie, Tiroler Aufstand 1809

Alle derzeit lieferbaren Hefte aus der Reihe Heere & Waffen:

Heft 1 ~ **Die Templer**
Heft 2 ~ **Hannibals Armee**
Heft 3 ~ **Die spanischen Guerillas**
Heft 4 ~ **Die US-Kavallerie 1865–1890**
Heft 5 ~ **Die Langen Kerls**
Heft 6 ~ **Der Deutschorden**
Heft 7 ~ **Tannenberg 1410**
Heft 8 ~ **Die Armeen des Alten Orient**

Die Samurai der Sengoku-Zeit
Heft 9 ~ Teil 1
Heft 10 ~ Teil 2

Heft 11 ~ **Das Heer des Arminius**
Heft 12 ~ **Die Fahnen von Waterloo**
Heft 13 ~ **Die Sächsische Armee 1810–1813**

Das Heer des Varus
Heft 14 ~ Teil 1
Heft 17 ~ Teil 2

Heft 15 ~ **Die Bayerische Armee 1806–1813**
Heft 16 ~ **Der Tolle Halberstädter**
Heft 18 ~ **Die etatmäßigen Dienstgrade und Dienststellungen in der französischen Armee 1804–1815**

Das fränkische Heer der Merowingerzeit
Heft 19 ~ Teil 1
Heft 20 ~ Teil 2
Heft 22 ~ Teil 3
Heft 28 ~ Teil 4 – *In Vorbereitung*

Heft 21 ~ **Die Armee Augusts des Starken im Nordischen Krieg**
Heft 23 ~ **Feldmarschall Pappenheim**
Heft 24 ~ **Die Streitkräfte Schleswig-Holsteins während der Erhebung 1848–1850**

Die Heere der Hussiten
Heft 25 ~ Teil 1
Heft 26 ~ Teil 2

Heft 27 ~ **Der preußische Infanterist im badischen Feldzuge 1849**
Heft 29 ~ **Der Deutsche Orden im 13-jährigen Krieg**
Heft 30 ~ **Die Burgunderkriege**
Heft 31 ~ **Die Heere des Schmalkaldischen Krieges**
Heft 32 ~ **Die Ennetbirgischen Feldzüge**
Heft 33 ~ **Böckler- und Löwlerkrieg**
Heft 34 ~ **Das Heer des Maximinus Thrax**
Heft 35 ~ **Der Venezianerkrieg**
Heft 36 ~ **Piraten in der Karibik**
Heft 37 ~ **Der Landshuter Erbfolgekrieg**

Die Österreichische Armee von 1805 bis 1809
Heft 38 ~ Teil 1: Die Infanterie
Heft 39 ~ Teil 2: Grenzer, Landwehr & Jäger
Heft 40 ~ Teil 3: Kavallerie, Artillerie und andere Einheiten

Heft 41 ~ **Die Kriegskunst der Assyrer von Sargon II. bis Assurbanipa**
Heft 42 ~ **Die Feinde der Assyrer** *In Vorbereitung*
Heft 43 ~ **Die Kursächsische Armee 1730/32**
Heft 44 ~ **Die Galloglas – Irlands fremde Krieger**
Heft 45 ~ **Russische Kürassier und Dragoner während der Napoleonischen Kriege** *In Vorbereitung*
Heft 46 ~ **Bakumatsu**
Heft 47 ~ **1866: Am Ende war Königgrätz** *In Vorbereitung*

Die Hefte erhalten Sie bei BERLINER ZINNFIGUREN, Knesebeckstr. 88, 10623 Berlin ~ www.zinnfigur.com oder im gut sortierten Buchhandel.